⊙ 保罗·里维斯(Paul Lewis) 著

橄榄编译小组 译

40 Ways To Teach Your Child Values

40法

建立孩子正确价值观

为人父母是一辈子的事，建立孩子正确价值观更是百年大业。
本书提出的四十个重要价值观，是建立孩子一生人格的基石。
每天只要从其中的一两项开始，孩子将迈向成熟而健康的人生!

 四川大学出版社

责任编辑：王　玮
责任校对：吴　昀
封面设计：吴　强
责任印制：李　平

图书在版编目（CIP）数据

40 法建立孩子正确价值观 ／（美）里维斯著；橄榄编
绎小组译. 一成都：四川大学出版社，2007.1（2008.6
重印）

ISBN 978 - 7 - 5614 - 3590 - 8

Ⅰ.4… Ⅱ.①里…②橄… Ⅲ. 家庭教育：德育
Ⅳ.①G78②G41

中国版本图书馆 CIP 数据核字（2006）第 157408 号

四川省版权局著作权合同登记图进字 21 - 2007 - 01 号

40 Ways To Teach Your Child Values by Paul Lewis
Copyright © 1985 by Tyndale House Publishers
Simplified Chinese translation copyright © (2006) by AGECO INC.
ALL RIGHTS RESERVED
国际简体中文版权总代理／深圳埃基柯文化发展有限公司　　www.ageco.com.cn

书名	40 法建立孩子正确价值观
著　者	保罗·里维斯（Paul Lewis）
译　者	橄榄编译小组
出　版	四川大学出版社
地　址	成都市一环路南一段24号（610065）
发　行	四川大学出版社
书　号	ISBN 978 - 7 - 5614 - 3590 - 8／G·808
印　刷	四川大学印刷厂
成品尺寸	170 mm×220 mm
印　张	12.75
字　数	117 千字
版　次	2007 年 1 月第 1 版
印　次	2008 年 6 月第 2 次印刷
印　数	5 001～7 000 册
定　价	28.00 元

◆读者邮购本书，请与本社发行科
　联系。电话：85408408／85401670／
　85408023　邮政编码：610065
◆本社图书如有印装质量问题，请
　寄回出版社调换。
◆网址：www.scupress.com.cn

序 言

——小孩需要父母的牵引

做称职的父母是世界上报偿最高的工作。我怀着喜悦的心情将《40法建立孩子正确价值观》推荐给广大的父母。通过这本书，你会慢慢地体会到父母和子女之间的复杂情感是建立在爱的根基之上的。本书可以让父母更加了解儿女，也让儿女更能明白父母，彼此用"爱的心态"去看问题，去想问题，这样所得到的结果是完全不一样的。

没有一个家庭在教育孩子的事情上能够避免出现问题和困难，每个家庭都要面对不同的挑战。父母教育儿女的目标是什么？如何才能达到父母的目标？这已经是越来越多家庭所要面对的问题。这本书教你如何有爱心、有智慧地爱孩子：在真正重要的事情上帮助孩子，用爱的思考和爱的行动来与儿女进行心灵的沟通，去关注儿女的情感需求。

我热爱并从事了近十五年的幼儿教育工作，一直在学习"爱的功课"，这对我的影响很大。我有三个孩子，我先生常常对我说："你给他们的爱太多了，必要时你要忽视他们。"可我知道自己是一位有事业心的女性，既要工作，又要家庭，无法选择在家，但是我的业余时间全部奉献给丈夫和孩子。我和他们一起做他们想做的事情：一起看电视小品，一起分享笑话，一起看电影，一起讲故事，一起听音乐，一起唱歌，一起看书，一起商量事情，一起分享美食（我经常下厨为孩子们做各种各样的美味佳肴）……陪伴彼此，其乐融融。最重要的是一起享受爱和恩赐，我从来不后悔对孩子们流露的真情感和表达的爱。我和我的先生一直努力在教育孩子的事情上保持一致意见，我们绝不会对孩子错误的行为一会儿一笑了之，一会儿又严厉惩罚。

　　孩子的成长要经过三个时期：婴幼儿期、儿童期、青少年期。每个不同的时期，教育的目标也不同，不仅要有言教也要有身教。家是身教的所在，有句格言说："你的行为掩盖了你的言语，所以我听不见你说什么。"爱的摇篮，家的真谛在于，各种不同性格的成员处在一起形成一种独特的风格，并一起面对不同的问题。家是孩子们最需要的地方，这里有人听他们讲话，听他们唱歌，也听他们发脾气；欣赏他们的优点，也接受他们的缺点；清楚他们的行为，稳定他们的情绪，发现他们的潜能。父母现在要学习的是去关注他们的生活习惯、行为习惯、爱好、梦想，让他们得到爱，学会去爱。这是生命教育和情感需求最关键的环节，不容忽视，也是我们每一位父母都要学习的功课。十五年来，接触了各行各业的家长。他们虽然在社会上都有不凡的表现，但有一点共同之处，即每个家庭在教育的问题上都需要帮助。

社会竞争越激烈，子女的教育越是重要。出问题的孩子和出问题的家庭与日俱增，暴力、色情、离婚、偷窃等都是不健全家庭的产物。然而，另一方面，越来越多的书籍、文章和报道给家庭教育提供信息，盼望越来越多和谐家庭、健康儿女的出现。从这本书中你不但可以找到教育孩子的方向，还可以获得实际可行的方法——扮演好父母的角色，丰富做父母的经验。在父母的角色里加进幽默感、孩童般的纯真，你会发现我们和孩子们越来越像，孩子们对我们也会越来越信任，我们也要为尽心尽力做好父母而努力。在结束这篇序的时候，我祝福你用积极的心态拿起这本书，认真地阅读，你的失落感和消极情绪会完全消失，你一定会成为有信心、有勇气、有智慧的父母。

3

海丽达国际幼教中心

戴 薇

2006 年 12 月于深圳

如何使用本书

——给为人父母者

你并不是握着一本普通的如何教育孩童的书籍，除非你知道如何使用它，否则你恐怕越看越不是滋味。

它被设计得有点像是手册，一种浓缩的指引参考，在简洁的条理中告诉你如何有效地运用其中的步骤来教导你的孩子，不论他们是牙牙学语的幼童，还是小学生或青少年，都需要本书所提出的论点，以帮助他们迈向成熟而健康的人生。

每一章都很精简，你可在五分钟内读完，因此建议你将本书放在随手可取之处，在你需要时，随时都可以默读细诵，很多你和孩子之间需要有人指引的部分，都可以在其中找到答案。

虽然每章都以基本的原则引导你如何灌输给孩子需要知道的观念，但如果囫囵吞枣，恐怕只会使你消化不良产生更大的挫折感。因此诚心建议你最多一次读二至三章，特别是在你较弱的环节上。很少有父母可以一次集中向孩子灌输三章以上的内容，即

40法
建立孩子正确价值观

使你觉得事在人为，你仍要注意到孩子的感受。

因此，最好是这样来阅读它——

先将目录浏览一遍，找到二至三项正是你跟孩子目前需要面临的情况，然后仔细读之；再就是拿支笔将每章中所强调之要点（前面加·的）特别圈出，成为你自己的提醒和帮助，而后面每行加方框的，则是一些建议与实行的步骤，而这些最好都是在亲子互动的关系中进行。

最后还有一份附录表，是为帮助你检视孩子的成长状况——有哪些部分需要加强，而哪些部分已经上路。填上你孩子的年龄、姓名，过些时日你再一一对照，就会发现你的努力和细心皆没有白费。

2

再提醒你，先从你认为目前较急切的二至三项内容开始，其余的慢慢来，毕竟为人父母是一辈子的事。

好了，在你阅读具体内容之前，还是要先请你有下面六大"觉悟"，相信这会帮助你更为顺畅地贯彻该书的精神。

◆觉悟1 孩子最终是要为自己做抉择的 "教育孩童，使他走当行的道，就是到老他也不偏离。"但并不是指孩子一辈子要受父母的牵制，在意志上没有个人的自由。

每一个孩子都有可能叫人失望。成功的教育在于父母如何在孩子个人的意志上给予适度的自由，并且给予关怀与沟通，如此双赢的喜悦将胜过父母的说教。重点乃在父母的自我形象建立在真实的信任上，别单单以为听话的孩子就是最好的。

◆觉悟2　**如果你认为你是失败的父母，现在开始还来得及**　当然能避开一些令为人父母者烦心之处，那是最好。不过，即使是长年累月的根源问题，要相信没有难成之事，永不放弃。

◆觉悟3　**父母的榜样是最高的筹码**　如果父母说的是一回事，做的又是一回事，这些学习只会使我们陷入困惑，甚至导致我们精神崩溃。要记住，再没有一个比父母身体力行更好的指导了。

◆觉悟4　**为人父母并不孤单**　你的孩子在成长的过程中，必有一些成年人在他的一旁辅助，你甚至可以主动找一些你认为在某方面可帮助他的不足的同辈一起进行，你将发现爱的团体可帮助你的孩子建立合宜的人格。

◆觉悟5　**幸福美满的婚姻远胜过使用绝佳的技巧去教育你的孩子**　你的孩子从双亲的美满婚姻中将得到极度的安全感，这不单单是你对他的爱就能提供得了的。要相信，有一天他将会建立自己的家庭，当那日临到，所有你留下的好榜样对他的影响将延续至下一代，甚至再下一代。

◆觉悟6　**孩子比父母更容易饶恕或忘记对方的过错**　父母子女间易积存一些负面的经历，这是每个家庭必然有的现象。因此，如果你渴望做一个好父母，在每个可能造成伤害的事件中，学习以最快及最恳切的态度向你的儿女说："我很抱歉。"

40法

建立孩子正确价值观

　　总之，我们就是尽力而为，要知道再如何考核，我们仍是不知道我们的底线在哪里。我们应多一点幽默感，并竭力在孩子面前做好榜样。"种什么就收什么"，我们必会得到适当的回报。

4

目　录

第一部　技巧应用篇

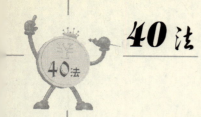

第二部　态度取舍篇

第三部　价值衡量篇

5

40法

建立孩子正确价值观

第一部　技巧应用篇

　　我们太习惯于不让孩子自己去解决问题，而是为他提供答案让其记忆。

　　　　　　　　——罗杰·里温（Roger Lewin）

零用钱的给法

3

对　　父母而言，教导孩子们有智慧地处理财物是必要的，训练他们如何使用金钱就是一个好的开始。让孩子们学习如何管理好自己钱财最好的方法，就是给他们零用钱。

零用钱该怎么给

许多父母并不给孩子正式的零用钱，而是当孩子有需求时，就不定期且毫无计划地给他们，这种方法并不能指导他们如何管理金钱。这样，孩子们必定会时常伸手要钱，而父母也必须当场决定这样的要求是否正当且有必要。

定期给零用钱就能避免这些问题，但也必须有智慧的决定用哪一种方式才是最恰当的。有些父母会付给孩子帮忙做家务的代价；有些父母则会给孩子定额的零用钱，但是如果家庭杂务尚未做好或因不当的行为受惩罚时，则暂时保留不给。无论如何，多数的父母仍认为这些方法能鼓励孩子们为了钱的缘故能变得更好，将帮忙做家务视为劳动的报酬，而不是家庭成员应尽的本分。同时，这种不定期的给予也会让孩子们不知道如何对他们的收入作预算或如何储蓄。

有些父母是定期定额给零用钱的，而没有任何附带条件。这种方法似乎是帮助孩子们学习作预算的最好方式，但却不能教导孩子领会工作与酬劳的关联性。

或许最好的方法是这两种方式的结合。给每个孩子定额的零用钱，让他们为一些明确的基本需要作预算，并且使他们能自由支配。这种零用钱是单纯地因他是家庭中的成员而分配给他的。同时，在这个家庭里也有一些基本的义务需要他去完成；如果他没有完成，则使用惩戒性的处罚，而不是扣留零用钱。此外，一些额外的短工，你通常可以请别人去做的——例如，擦玻璃、地板或洗车子，你的孩子会为了额外的收入而愿意去做。这种额外的收入能教导他明白工作与薪金的关联性，并且对孩子而言，这些都只像是在玩耍一样的工作而不是非做不可的。

参考之原则

为建立孩子对金钱的责任和价值观，给予零用钱的有效性大都视金额多少以及如何使用为前提。以下就是一些参考的原则：

• 无论你说什么，你处理自己金钱的方法就是在做最有力的榜样。

• 给零用钱必须要定期、准时，不要老被提醒。定期是教育孩子使用零用钱要有计划的一大关键。

• 预支零用钱的情形要尽量避免，所给的钱必须是事先已讲好的，既不多也不少，为的是要孩子学习平衡自己的收入与支出。

• 零用钱的多寡要以孩子所希望达到的金额为基础，当然也必须考虑孩子的年龄、需要及家庭的经济状况。

• 零用钱中要包括孩子可以随意动用的部分，如此他们可学习如何做最明智的抉择。

• 在家庭的规矩和价值观内，你必须对支出做某种程度的控制。

• 不要用零用钱来代替你与他们相处的时间或爱的亲密表达。

适合各年龄层的建议及方法

这里有一些方法可以帮助你的孩子学会在金钱方面负责任：

5

学龄前的孩子

□ 从孩子的玩具里，帮助他学会认识拾元、伍元、壹元等零钱。购物时带着孩子同行，并给他一些零钱让他学习使用，如此可让他了解金钱只是交易的一种媒介。

学龄儿童期的孩子

□ 一个小学生应有能力负担午餐、牙膏、袜子和给家人礼物等费用的支出。但最重要的是要教导他们认知奉献的重要性，并帮助孩子详细列举他要负责的固定的以及可能支出的预算表。另外也必须要求孩子做固定金额的储蓄，若能够订出一个长期的目标，则是最好不过。

□ 大多数七到九岁的儿童可以开始教导他们使用一张预算表来管理每周的零用钱，这种可以自由运用基金或储蓄去购买自己所要的东西，将是他们在财务上一个特别重要的功课。当孩子逐渐长大时，他们就已学会要存钱以预备购买更大的东西。当他们决定要使用这些有限的存款购物时，会很快地学到认识物品相对价值的重要性。虽然这不太容易，但务必让你的孩子学习这点；记住：每当你想说"听我的准没错"时，你只是在延迟他学习的时间罢了。

□ 让孩子参与一些家庭财务的讨论。让孩子知道家庭收支也

6

是一种非常好的方法，借此他们逐渐知道当家庭收入有限时，哪些支出要列为优先。对孩子而言，这种家庭讨论会也是一个学习了解有关纳税、保险、信用卡使用的最好时刻。让你的孩子帮助决定是否要购买一部车子，或房子是否要重新装潢。但千万不要因为经济上的困难，让你的孩子在使用金钱时感觉有罪恶感。

青春期的孩子

□ 记住，当一个孩子长大时，他们会需要用钱的。每年有两次来检讨零用钱是否够用是一个很好的方法。可以鼓励家中十七八岁的青少年到外头打工，而这额外的收入要从其零用钱中扣除，以使他的预算继续保持平衡。你也可以在教导储蓄的原则里帮助他们做一个更重要的购买计划（例如买一辆摩托车），可以答应孩子当他储存到一半的价款时，你就会提供另一半的钱来支持他等等。

无论如何，当你在处理有关零用钱的细节时，请记住：培养你的孩子学习有关金钱管理的最好方式就是以你为榜样。你是否希望你的孩子学习你排列优先顺序、价值观，或做一个好管家的榜样？

做决定的根基

8

你是否知道今天我们所做的决定都是以自我的概念为根基——这些形象都是我们在原生家庭时所发展出来的。这些人际间的关系会影响我们所做的决定。因此我们要及早帮助孩子学习做出明智的抉择，以帮助他们发展出健全并胜任任务的自我形象。

引导孩子做正确决定

虽然做决定的程序常有改变，但是基本的过程仍应包括：①先为所做决定下一个定义；②选择最佳的途径；③接受；④评估最后的结果。为人父母者的工作就是成为榜样,引导并支持你的孩子在这一过程中不断地成长,并且能愉快的胜任自己的任务。

学龄前的孩子

☐ 一个学龄前的儿童会将你视为神一样的角色。记得他们需要你成为一个指导者,而不是独裁者。你需要先引导他了解做决定的意思,当孩子从他自己所做决定的结果学习某事时,是他心智成长的一大要素。

☐ 六岁到八岁之间的孩子会把你当成英雄。在这个阶段,孩子们应逐渐增加参与决定的过程,你也能够帮助孩子专精于某种特定的工作,加强他们正面积极的自我概念,并且在反复的决定中培养出一种良好的选择模式。孩子们如何打发放学后的时间就是一个很好的做决定的练习机会。

学龄儿童期的孩子

☐ 九岁至十二岁的孩子已经开始意识到他们的父母也有软弱的一面。在这个阶段,孩子的隐私和同辈的关系,将会开始更多地转移他们的注意力。因此,可以尝试接纳孩子的朋友参与一些家庭活动。帮助这个阶段的孩子在做决定的技巧上扩展他们的视野,并让他们为自己的抉择和可预期的结果担负责任。保留你的评论,多点建议。告诉他们如何将较复杂的决定列在纸上,并列

9

举他们赞成的意见，这将是一种很好的操练。

做决定的参考步骤

如何做一个良好的决定，以下有六个步骤可作为参考。

1. 想一想有哪些事要做决定。

2. 决定要选择何种途径。考虑每一种有可能做决定的方法。此时正是动脑的时刻，有时候一个疯狂的新点子也能成为事实。请写下所有的构想。

3. 想一想每个决定的好处与坏处。此时就要考虑如何去实行，并要选定何者为适当，何者不宜。找出每一个抉择可能发生的结果。

4. 二者择其一时，选取最好的一种。

5. 现在就去做你已经决定要做的事。

6. 在你看出结果以后，去评估所做的决定。裁决这是否为一个最好的决定。而如果你必须重新下决心时，你是否会做相同的选择？

乔·贝利（Joy Berry）也建议孩子在做每个决定时要将以下三个指导原则谨记在心：

去做能显示你爱的每一件事。

去做能照顾你自己的每一件事。

去做能显示关心别人的每一件事。

青春期的孩子

　　□ 青春期少年会有反叛性的行为和情绪上的紧张。当你的孩子挣扎着想重新定义他自己时，应该支持他。鼓励他学习至少一项技能并发展天赋的才能，这比扮演他们自己的角色更为重要。将你的注意力集中在帮助你的孩子弄清楚并对必须做的决定下定义，而不要去评估他们抉择的质量。尝试去面对因为他们错误的抉择而得的结果，将会比你强烈的话语更具教导性。那么到了下一个阶段他们就会更具独立性。

　　□ 对每个年龄层的孩子来说，"如果"的角色扮演将是一个很好的操练。设定一个假想的情况——只要你喜欢，普通的或特殊的角色都可以，并问道："假如这件事发生在你身上，你会怎么做？"然后按照做决定的过程做一个抉择。假设以下状况：比如你最好的朋友要求你在考试中帮助他作弊，你会怎么处理？如果有人要求你与他（她）约会，你将如何应对？

　　在整个学习做决定的过程中，不要用强迫的方式，也不要鼓励他们跳过这个学习的阶段，因为那会让孩子产生挫折感，日后还得重新学习。你在家中做决定的方法也会带给他们一种正面积极的榜样，孩子会不停地观察你的所作所为。要承认你可能有失败，但也要庆祝你的成功。请记住，为人父母者的基本职责就是要努力作好你自己。

时间管理

教导孩子学习时间上的管理，可能不是你所要做事情中的最优先的一项，但或许那是必须的一项。

教导孩子管理时间

作为成年人，我们大多都知道良好的时间管理习惯是分配时间的一大关键。它可使我们多做许多额外的事，并让我们的生活更加有趣、更有所得，这对孩子们而言也同样真实。若他们能更有效率地利用时间，则不仅可以整理自己的房间、处理琐碎杂事、做家庭作业，还可以培养其他的嗜好；同时他们将有更多时间做自己喜好的事，如阅读、与朋友欢聚或做其他有益身心的活动等。

· 在帮助孩子的过程中，请记住，时间的管理和负责任的态度对一些孩子而言，将比其他人更容易做到。因此当你教导孩子从某一种能力的水准进入下一个阶段时，应该很敏锐。

· 订立事情的优先顺序是时间管理的关键。很少有人，尤其是一个小孩子，会有足够的时间去做他们想做的每一件事。让家长掌握孩子在时间管理中是否扮演着适当的角色，如此可帮助孩子建立一套良好的抉择模式，而孩子也将会在他的实际生活中获得更大的益处。

13

一些具体可行的建议

以下是一些针对各个年龄层孩子的实际建议。

学龄前的孩子

□ 学龄前的儿童对时间管理的能力和需要是非常有限的。他们在这个无忧无虑的年龄不需要受时间压力的干扰。一个孩子对时间的认知会自然地逐渐成长。他们常会以"经过多少个晚上"祖父和祖母将来看望他们作为计算单位，而不是用几分钟、几小时、几天。

□ 当孩子预备好时，就要有效地利用一些时间的观念来教导他。比如你可以规定他在一定的时间之内收拾好玩具，或者做好其他的家务。如果孩子常常来不及，可以在最后几分钟内帮助他收拾，如此可使他不致变得沮丧。

□ 建立时间观念的最好方法就是全家一起活动。先设定完成工作的时间，并规定如果在预定时间内完成的话，可以得到一份奖品。事先就将这种奖励方法和重点说出来，可使每一个人学会先衡量自己的能力，并看自己要做到何种程度。

学龄儿童期的孩子

□ 大多数的学龄儿童都能够从一支并不昂贵的手表上读出时间。在孩子房间里的彩色日历也能够帮助他跟随时间的巨大脚步。在他上学的这些年间，帮助你的孩子制作一个可以显示一星期中的每一天和每一小时的时间表。鼓励孩子记录整个星期中他们是如何耗掉其中的每一分钟的。在每个星期结束时，帮助你的孩子将每项活动所花时间的总数累加起来。然后，让你的孩子很仔细的审核整张时间表并找出他是如何花去这些时间的，要他回答这些问题：

1. 在这个星期中我花了最多的时间在做什么？又花了最少的时间在做什么？

2. 有哪些事我宁可多花一点时间来做？哪些事应该花较少的

时间来做？

3. 有哪些事是我想做而没有做的？

4. 你是否有足够的时间去做我所想做的事？

5. 我是否对自己运用时间的情形感到满意？

现在请一起在纸上拟出概要，要孩子将每天放学后到就寝前所做的每件事所花费的时间做个记录，以反映出他的优先顺序和目标。然后再列出他必须和家人一起做家务、游玩、听音乐，或做其他事情的需要与责任计划。如此你的孩子将会很快地了解到如何有效率地做这些事，以使他们拥有更多的时间来做他们想做的事。

□ 帮孩子订立目标。在暑假期间，建议你的孩子列出所要参加的活动、要学习的内容、所要结交的朋友、要读的书和他们心中的其他目标，然后给你的孩子一本日历，并帮助他们订立整个暑假期间每个星期和每一天的目标。不过这当中可以允许他们拥有较多充裕的时间。经过一段时间之后，孩子通过在时间表上画记号，将会了解自己所订的时间管理目标是否妥当。

□ 多关心年幼的孩子，不要让他们在失败的重担中一无所得。当你注意到他们经常浪费时间时，可以对他所设立的目标有一个温和的提醒。如果你的孩子有放弃目标的倾向，亦可以提供一些奖赏来帮助他们达到目标。另一个更好的方法是邀请两个或更多的孩子们互相帮助，来达到他们个别或群体的目标。没有任何一

件事情能和成功的滋味一样喜悦能培育出孩子一种积极进取的态
度和自尊心。

青春期的孩子

□ 当一个孩子成长为十四五岁的少年或十七八岁的青年时，
时间管理的技巧会变得更重要且更困难。要他们列出一份有计划
性的每周基本活动和责任的行事历。因为那将能反映出较成熟的
优先顺序，并让工作与游乐保持平衡，能使社交关系与精神生活
得到均衡，也会使社交关系与精神生活得到均衡的发展。告诉孩
子如何对学校中的重要考试和学期论文制订出时间计划表。下定
决心将时间作最合理的支配，可帮助一个人克服因为优柔寡断而
浪费时间的坏习惯。

当你想要传授良好的时间管理技巧时，请记住你必须为你所
教导的孩子做出好榜样。时间是无法被储存的，因此有哪个时刻
会比现在开始教导其价值和适当的管理来得更好呢？

16

交友的艺术

17

在一些必要的生活技巧中，很少会有比了解如何建立并保持良好的朋友关系更为重要的事。无论对我们周围的人，还是与朋友之间的关系都是一种刻画我们自我价值和愉快生命的重要因素。它们对我们个人的发展有极大的影响，并且可强化家庭成员间的凝聚力。

教导孩子交友之道

交友艺术的特征是什么呢？你的孩子又如何学习呢？不论是

社会学的探讨还是一般的常识，都建议应该要从为人父母的榜样开始。你的孩子所观察到的友谊素质，就是你和你的配偶如何彼此对待和相处的结果。你如何处理你们的争论并表示你们的喜悦呢？你的孩子是否意识到你们是最好的朋友呢？

学龄前的孩子

□ 孩子在六岁以前正学习与父母做一种健康式的分离，特别是对母亲。这个阶段的重点应放在教导他们认识自己和四周的环境上。此刻朋友对他们而言，仅是个无关紧要的过路者，这也能解释孩子为何经常忽视他人需要的原因。这段时间，在你的孩子能真正学会与人分享之前，他所有的需要都必须先被满足，以自我为中心的意识也才会逐渐被转移到对别人的关心。

□ 学龄前的儿童正是一个极佳学习交友的阶段。你可带着三四岁的孩子和两三个同龄朋友一道外出。注意他们在言语和行为上以自我为中心的表达方式，然后以一种温和、正面的方法教导他们一些正当行为的观念。"游玩"是这个年龄层学习良好友谊技巧最基本的方法。

□ 当你的孩子能够适应且在团体中成长时，他们就能和其他人融洽相处。帮助你的孩子表达出他喜欢哪些朋友，以及他们喜欢一起做些什么。你可将这些朋友编进一些冒险故事并绘制一些图画，然后再与他讨论选择坏朋友将会产生的一些不良结果。

□ 玩团体游戏能帮助孩子建立一些必要的技巧。邀请孩子的朋友参加家庭活动或到家里共进晚餐，带你的孩子去选购他们朋友的生日礼物，或是帮助他们制作可当成礼物的简单玩具，或设计一个游戏，教导他们一种技能。当你去购买或自己动手做时，你可以对孩子表达你对所认识之人的感情，不论是家里的人或外面的人。

学龄儿童期的孩子

□ 学龄儿童期的孩子会将友谊的注意力更多转移到同性别的同辈，或是家庭之外的成人。这类"伙伴"会帮助他学习归属感并对他所做的一些有价值的事情给予肯定。其他孩子们的组织也是群体归属感的一种健康表现。

□ 通过与朋友的户外活动，或是偶尔在朋友家过夜，可帮助这段期间的孩子建立良好的自信心并自我认识。若能与其他家庭或团体一起度短暂的假期将会有更大的乐趣。你的孩子在这群年轻人当中所表现出的能力，将建立他被朋友喜欢的基础。

□ 有时候，你也许需要帮助你的孩子辨认，并不受那些不良朋友的影响。当然你更需要帮助你的孩子学习接纳和包容那些在他们朋友圈中看起来似乎不可爱的人。

19

青春期的孩子

□ 在十四岁到十七岁这段年龄中，若孩子在他们的友谊上被拒绝，你就是他们最好的避难所。你也是他们继续寻找其他朋友的榜样。一要很肯定地与你的孩子讨论良好友谊的基本特质，例如倾听对方心声和对他人感兴趣，与他们往来、欣赏并赞美他们优良的特质，一起分享情感，并保持自信心。

□ 在青春期的年龄中，孩子们正经历一个自我再评估的过程，他们从团体的参与和接纳开始，并建立一些更个人化和独立化的行为。在你的孩子长大成熟的这段期间，你会有机会来对他表达一种条件的接纳，以及表现出成人彼此真正友谊的特质，这必须是透明的，也就是要先脱去你对别人真正情感所隐藏的假面具。

□ 花一点时间去探寻你自己和你孩子的真正感情。讨论并列出你们要从朋友身上所要寻找的特质。然后将这些特质按先后次序排列，并以此来评估你们的朋友。

此时应共同确认友谊应该包含双方的付出与取得。花一点时间设法去证实友谊特质的关键在于彼此的沟通、规劝、赞美、忠诚和信任。也讨论一些不愉快的友谊，例如嫉妒、在两个朋友之间做选择、道歉和友谊的结果等。

□ 如果在这个论点上，和你的孩子并不是真正的朋友，那么应采取一些步骤来恢复你们的关系。这必须从由衷的谦卑、彼此谅解与和解开始。当承认所有的错误，并能在爱中说诚实话时，就会出现坚定的友谊。一旦开始恢复和睦的关系，就应该去讨论那些存在的困难，一般而言只讨论彼此的关系，而不是困难本身。

做孩子的好朋友

你的孩子在学习维系良好友谊之技巧时，将以你的榜样和学习经验为最大衡量的依据。那是一种极大的重担，但快乐的果实则在于：当你和孩子成为真诚的朋友时，对你们而言，那就是一种无穷的财富。

培养孩子参与众人之事

22

你的孩子需要知道哪些有关政治的事？在他们的成长过程中，少数服从多数的观点，以及对事物的怀疑，在孩子逐渐了解国家的政治过程中都是必须了解的知识。其实不只了解，他们更注意看它是如何运作的。而什么时候会比现在更合适来逐渐灌输孩子们一些基本的原则呢？

将健全的政治信念放在心里就是一种爱国的精神——对国家永恒的效忠和对人类自由尊严的历史使命。同时，一个衷心的爱国者也要认同国家过去的错误、现在的缺失和将来可能落入的陷阱，并相信它愿意改正这些错误。爱我们的国家就要期望它能够更公正和更有温情——这也是为什么这些爱国者要参与政治的原因。

一些具体可行的建议

在此，有一些方法可用以建立对我们传统的尊重和保持优良传统的热诚。

□ 为国家祝福。在国家的节日，例如纪念日、国庆日和过去国家领袖的生日等日子，集合全家向国旗行礼，为这个国家祝福。

□ 让你的孩子接触到例如国父和伟大领导者的客观性传记。避免选那些只有赞美而无批评的书，及那些毫无价值的传记。

□ 当你从书本、杂志和其他文学作品中读到、剪贴到或复印到一些你所深信的原则和价值观时，就将它们收集在剪贴簿中。在每年特殊的日子里，与你的孩子一起分享并讨论它们的意义。无论是剪贴簿或这些结论，对孩子个人的传统观都会是一种重要的正面影响。

□ 在一天中发生的较重要新闻，可在晚餐桌上讨论。试着指定孩子从报纸的头版或电视报道中做一个评论新闻。当他做报告的时候，对于一些问题必须追根究底，不断问他为什么？因为它能帮助孩子深入探讨一些背后的信息和基本的原因、隐含的意义、有关道德的主题，及此事件的历史意义。

23

40法

建立孩子正确价值观

□ 当你看见一些偏颇的报导或错误的思想时，帮助你的孩子写一封信给这些广播电台或电视台的经理或编辑。这样的操练将使你和孩子的思想更加敏锐，并且能做出更具有创造性的选择。

□ 让孩子在认识城市、乡镇、国家所选出之官员的名字时，务必让它成为有趣的事。

□ 孩子到了十七八岁的年龄，可以让他参与某一阶段的政治运作过程。比如在选区内使用传单参与竞选活动就是一个好的开始。或是与你地区性的竞选总部联系，去认识你选区的负责人，然后给予一些协助。

□ 使用电话为你所支持的候选人从事拉票的工作。某些政治观点的分歧将可通过试验，并坚定你对这些争论的信心和认知，这样能帮助你与孩子更清楚地讨论这些观点。

务必使用少许的创造力和想象力，将你的孩子带入政治性的生活中，这将是有趣而有助益的。如此可培养出一群有感召而且有知觉的国民，这真是再重要不过了。同时因相互影响，这样的过程也将会同时发生在每个家庭中。

建立是非观念

25

为人父母的我们必须帮助孩子建立坚固而健康的是非观念。他们必须学习了解到犯罪的"事实"和犯罪的"感觉"是有所区别的,如此才能对犯罪有真正的认识。感觉上的犯罪常常并不意味着一个真正的罪行已经发生。

一个对犯罪的不平衡认知也许会有一种或两种不健全的结果。一个人也许经历一种无情的压力或是残暴的被控制,但却不能分辨这实质的或非理性的犯罪。同样,每个相对的问题或许也会有这样的结果:换句话说,他也许会做错误的事,却没有一点罪恶感。

真实和非真实的犯错与罪恶感

在训练孩子的过程中，让他们（并我们）能分辨确实的犯错和非真实的犯错是十分重要的。两者经常都有犯错的感觉并且很不喜乐。但是实质犯错的罪恶感会驱使我们悔改并获得赦免，而不真实的罪恶感只是经常纠缠，让人的精神在痛苦中挣扎。

1. 真实的犯错是一种实质上违反国家法律或道德之律法的结果 当明哲从学校回到家时，一直感觉到很空虚并且闷闷不乐，因为他在学校的数学测验中作弊，他已经历了因为实质犯错而引起的负面感觉。

2. 有些人是为了得到别人的认同或赞美，却因失败而产生了罪恶感，此即为"非真实之犯错" 当六岁的小茜在运动场上跌倒时，她会感觉到是因为自己的愚笨而被别人拒绝，而在别人的嘲笑中她哭了，这就是非真实的犯错。

3. 因达不到不切实际的期望而产生的罪咎感，是另一种不真实的犯错 一个典型的例子是大华因为在九局的棒球比赛中被三振出局，而感到羞愧和窘困。

大多时候孩子们都持续地在罪恶感中做些无益的挣扎。因为他们无法正确地了解他们犯错的根源，而且也不能适当地处理它。在上面所述的三种罪恶感中的任何一种，都需要用不同的处理方法去释放。例如明哲的实质性犯错只要一当他承认自己所做的是明显的错误，并且向他的父母和他的老师自白，表明愿意为自己的行为负责，并立下个人的誓约保证不会再犯相同的错误，此罪即可除去。这就是我们所熟知的悔改，而且每一个步骤都需要除去实质犯错的感觉。

而年幼的小茜为着罪恶感而引发的哭泣也将会过去，只要当她在受伤时，有人在一旁鼓励她，并允许她哭泣即可，如此孩子将逐渐加强对自我的认知和信任，以弥补对同辈的接纳或拒绝过分敏感所产生的伤害。大华的罪恶感也将消失，只要他承认他的期望不切实际即可。他渴望从他的父母那里得到无条件的爱和接纳，然而这些东西并不会在他表现较差时就有改变或是减少。无条件的爱胜过任何其他的事物，能帮助一个孩子视自己为父母眼中的骄傲。

27

帮助孩子处理罪恶感

□ 避免告诉孩子那些做了恐怖之事的人就是所谓的坏人，免得加深他们的罪咎感。

□ 不要用收回你的爱和感情当作惩罚的方式。让你的爱能反映出宽恕的爱。

□ 让你的严格要求的强度与犯错的严重程度相配合，而非与你情感上不愉快的程度相配合。

建立孩子正确价值观

□ 当你在惩罚孩子时，要常提供一个保留他们自我价值和尊严的方法。不要在责罚时夹杂着愤怒地责备或侮辱到孩子的自尊，不要用"你就是这么懒！"或是"你常犯下愚笨的错误！"等话语。更不可在别人面前羞辱他们。

□ 建立你的孩子在家务上应负的责任、规则与限制等，如此将可使他们更迈向成功。将你的期望和孩子的水平保持协调，免得他们被不切实际的目标所压制而产生过度的失望。

□ 留心其所阅读的书籍、所观看的电视、电影和实际生活的经历，这些都证实是解决犯错的健康态度与方法。帮助孩子了解"情势伦理"，因为那是建构我们文化价值观的基础。

□ 当孩子描述到同学间不正当的行为时，你要抓住这个有利的时机问："难道他错了吗？为什么？"你将从中了解孩子对犯错的想法与了解程度。

□ 以你自己的生活为榜样就是对那三种罪恶感最适当的回应。当你的孩子注意到并面对你生活中所犯的错误时，你要公开地承认，让他们也注意到你的悔改认错。

□ 原谅你的孩子并教导他们原谅别人的艺术，也能增加孩子原谅他们自己的能力。

对罪恶根源的认识和处理能力，便是你给孩子最大、最好的礼物。培养孩子敏锐的良知将会成为顺服神，那是快乐健康生命的源头。

他明白别人
嘴里没说出的话吗

29

我们起居言行、我们的感觉等有关我们的每一件事都在传达一种信息。根据研究，个人信息的传达只有 7％是以语言的方式；38％是以声音的音调；而 50％则是以非语言的方式，例如肢体语言。因此对孩子而言，学习以直接的方式去解开这些隐藏的信息是相当重要的。

帮助孩子解开隐藏的含义

年幼的孩子有感知父母情感的自然本能，但仍倾向于接受言辞上的表达。当一个人的肢体语言和声音的表达不一致时，孩子们将会感到困惑。

安安是小学一年级的孩子，有一天他从学校哭着回家，因他的同学阿康是个喜欢欺凌弱小的人，时常作弄踢打安安。当安安擦干眼泪时，安安的妈妈解释说阿康或许是个孤独的人，没有太多的朋友，他之所以如此做，是为要引起别人的注意。她建议下一次当阿康再找麻烦时，安安可在放学后邀请他到家里来。几天之后，当阿康再度殴打安安时，安安对这种情况已经有了新的解释，因而有了不同的回应。他说："阿康，让我们成为朋友好吗？你是否愿意放学以后与我一同回家呢？"这就是许多愉快经历的开始。

多数的专家均认为十岁或十岁之前的孩子，并没有思考抽象事物的能力。当有状况发生的时候，他们都需要人去帮助他们了解，自己并不是一个如泼出去的牛奶或损坏的纪念品一样，是个无用的"坏人"。若上述情况发生，我们也许会立刻表现出愤怒，特别是一种眼见为实的立即反应，或其他非语言的表达方式，而这都会使孩子受到极大的伤害。

30

这种愤怒就是隐藏信息中最普遍的一种。我们经常用我们的话语否定它，但却用我们的情感和非语言的行为来肯定它。一旦父母的愤怒被认定，无论你说多少保证的话语都无法抹去孩子内心的恐怖和不被爱的感觉。一个较好的表达方式就是承认你生气的错误，并向你的孩子保证你仍然是爱着他。承认真实的感觉将可以证实孩子所"听到"之非语言表达的方式，以减少他的恐怖感。

有些父母经常使用隐藏的信息来教导孩子们。当孩子做出一些我们不喜欢的事时，我们就会有种"被伤害"的感觉。它并不需要等到多年以后，孩子才能够知道这样的行为是罪恶和愤怒的根源。当我们发现自己以这种方式教导孩子时，我们需要公开承认而且道歉。

当孩子们进入十四五岁的年龄时，他们的能力已经能够进行理性和抽象的思考。他们比较能够解释那些隐藏的信息。事实上，当我们处于矛盾状况时，孩子能够察觉出父母的感觉。

31

一些具体可行的建议

□ 接触或许是非语言表达方式最重要的一种方法。孩子们需要富有情感的拥抱、抚摸和其他的信息，特别是在遭受处罚之后。即使你的话语是坚定或带有纠正性，你的触摸将可再度保证你孩子责罚的背后有爱。

□ 当你对孩子说话的时候，请注意你说话的语调和脸部的表情。先问问你自己这些信息正在表达什么，而他们是否同意你的话。

注意动作中所暗示的。握紧拳头、弄乱头发、一面想事情一面乱画、拉扯纽扣或环顾房间的四周，所有这一切都显示一些未说出的感觉和态度，例如神经质、厌倦和愤怒。我们要了解这些都在暗示你自己和孩子口中没说出来的事。帮助你的家人学习去解释沉默，它能表现多种情感，如愤怒、悲伤、震惊。如果你认为你的孩子可能会误解你的沉默，请使用些许话语去澄清你的感觉。例如你的沉默是因为许多烦心事，使你感到厌倦，你就必须解释这些情况，否则你的孩子会认为你是无缘无故地在对他生气。

□ 将一些你所听过和认同的技巧，应用在你自己家庭的沟通上。

□ 经常在沟通上做榜样，表达你自己的真实情感。虽然孩子一时无法做到你所要求的标准，但他们却会感染到你的好榜样。

□ 避免强迫你的孩子尝试去感觉你认为他们必须去感觉的事物。

□ 当你的孩子要求你解释这隐藏的信息时，就承认它。诚实会比一个反面隐藏的信息更能减少恐惧感。

如果你积极地去帮助全家人聆听完整的信息，那么完全的沟通将是你家庭生活方式良好的证明。

理财之道

33

正如每个人一样，孩子们也会遇到通货膨胀和经济不稳的危机。特别当经济不景气时，父母亲的收入减少，甚至失业的时候，他们同样会受到影响。

不幸的是，这些经济因素常留给孩子们许多难以了解的迷惑。而且在他们离开家之前，若没有人能帮助他们增长有关经济方面的认知，那将会让他们感到无所适从，无怪乎专家认为财务问题是造成 90％离婚案件的根本原因。

训练孩子理财之道

只要你给孩子一些帮助，他们就会有不同的领悟，甚至一个七岁的小孩子也能开始领会一些基本原则。

□ 一个良好的开端就是教导一些经济上的原则。例如，要求你的孩子去思考如果在一个班级有十个同学，每个人都在麦当劳打工的话会如何；相反的，若只有一个同学去做，又会有何事发生。在对话中，给他介绍一些基本的名词概念，例如行销的技巧和供给与需要的法则等。告诉他们哪些因素会影响价格、如何工作会更有效率。一定要讨论以工作量计算酬劳，或者按时间数付酬劳之间有何明显的不同。

□ 若对这些基本原则有所了解，即可进入探讨为什么要这样做的原因。以你自己的工作为例子，解释说父母亲要供给家中饮食、住所和衣着。人若不照顾亲属，就是违背了伦理真道。

□ 有关做家务应给付的报酬，如果在你的家庭中已达成协议，就可利用这个时刻来讨论如何针对技巧、时间和效率支付酬劳。衡量做家务的标准应根据其次数的多寡和难易度，并与你的孩子订立契约，写明付款的条件和金额。

□ 如果你的孩子年龄已够大，能更多了解有关工作、市场和金钱之间的关系，便可帮助他们选择并计划一个简单的工作。那也许是从夏天卖柠檬汁到更特殊的打工，例如送报的服务、生日蛋糕的烘烤，或其他方式的服务，例如洗车、打扫房子等。

□ 一旦你的孩子赚得零用钱，他们就应着手开始学习管理的技巧。先拟出一份简单的预算表，如此可帮助他们预知这些钱财要如何支出。预算分类应包括下列几项：储蓄、个人支出（午餐费、理发费、修缮费和学校用品费）、娱乐支出活动费、买书、买杂志等。

□ 对于一个年龄较大的孩子，即可训练一些额外的财务处理技巧。尝试在家庭中有一些借贷的活动。有些概念例如期票、利息、信用度和风险、附属担保品将会很快在实际生活中遇到。

□ 当你认为他们已准备妥当时，就可为你的孩子开一个银行活期存款户头。你的孩子将立刻明白金钱并不会从树上长出来。而且他也将能区别要求和需要、价格和价值的差异。对孩子所做的正确抉择你应予称赞，而当他们做出错误的决定时，也要帮助他们明白为什么。

□ 一个孩子将会从你的所作所为中学习如何节约钱财、能源和时间，并在财务抉择上列出优先次序。邀请你的孩子参与了解你所做的决定，例如你买了工具并自行修理家具，而不是请修理工人等。让他们了解你是如何支付每月的账单并平衡你的预算的。让孩子在这方面获得应有的智慧，将能避免日后不幸的事件。

如果你能切实做完这些工作，那么在财务和经济世界中的任

何陷阱和机会，对你的孩子而言将不再具任何神秘性。他将会变为一个成年人，他不但知道如何去创造生活，更知道如何享受生活。

接受建议与批评

37

只 有稳重和成熟的人才能接受批评，并冷静地评估别人的批评。一个有智慧的人所给别人的批评是用一种具有建设性和令人心服口服的方式表达。有智慧的父母能在孩子身上发展出这些优良的特质。

给予批评但勿论断

要增强一个人的品格、健全的自尊和在人生风暴中的稳定性可列出许多方法。虽然如此，批评仍是一种古老而受人尊重的方

式，但是谈论到批评仍是很难的。批评十之八九易沦为定罪，因此我们必须谨慎，免得成为批评家。

给予和接受批评的原则

以下面所提的这些警告和鼓励为背景，让我们思考一些健康性批评的原则：

- 批评应该是对事不对人。

- 不要在愤怒中批评人，因被批评者经常会反应过度。

- 当你在疲倦的状态下或有其他的压力时，不要批评人，应等到你的心境和情绪较平静时。

- 必须拥有所有的事实，每一种情况至少要站在正反两方面来想。

- 在爱里给予批评，要清楚而且细心。所用的字句也要有所选择，而非只是情绪的发泄。因绝对性的字眼诸如"经常"和"绝对"会带给人伤害，并常可能夸大其词。

- 不要拿与其他人相比较来作为对一个人的批评，特别是不要在兄弟间互相比较，而且也不要将你的配偶与你的父母作不适当的比较。

- 要知道有些人经常激起我们发怒的事，通常也是我们自己常犯的错误。在你批评对方一个特殊的习惯或嗜好之前，先问问你自己是否也有相同的问题！

　　• 尝试在那些你正要批评的行为、态度或习惯中看到正面积极的事物。

在接受批评时，请记住这些重点

　　• 当我们错误地以为我们所做的是代表我们自己时，要接受别人的批评是极度困难的。

　　• 当你决定要花许多气力来应付这些批评时，最好先想到这些批评的来源。

　　• 对于这些批评，最好的反应就是尝试去澄清。例如可以做这样的叙述："我曾听见你所说过的是……"但不要有自我辩护式的反应。

39

　　• 当这些批评是公正的，要感谢这个人，如果有必要的话可以请求他的原谅。

　　这些给予和接受批评的原则都可应用在父母和孩子身上。请再记住，我们为人父母所立下的榜样就是最好的教导。对我们的孩子而言，一个最深刻的训诫并不足以掩饰一个虚伪的生活形态。因为孩子们实在太了解我们了。

操练孩子学习给予和接受批评

为了帮助你的孩子们学习给予和接受批评，可以尝试以下这些方式：

☐ 与你的孩子一起参与小小的自我批评，但也要知道这些年幼孩子的自我接纳度。针对为人父母者假设一个尺度对自己的失误作自我批评，邀请你的孩子作评论并问他们的反应。要求你的孩子认同他们曾失败过的事。彼此提一些建设性的建议，并在这些特殊的事上给孩子实质上的支持。

☐ 和孩子一起讨论从别人身上寻求建设性批评的价值。说出一些你经历过的事是如何得到帮助的经过。要知道从一个客观、可信赖的朋友处寻求批评，是学习如何接受批评的最好方式。帮助你的孩子了解，寻求建设性的建议并不意味着懦弱，反而是坚强的表现。

☐ 帮助你的孩子了解如何处理那些来自同辈，或是权威者所作的破坏性批评。一种最有效的回应就是承认曾经听过这些批评，但不作任何回答。另一种有效的回应是假定就在此刻，这些批评者在他的言谈中讲出了一些可被接受的道理，那么，被批评者可做一些正面反应："你做了一件极恐怖的工作！"

"是的，我原本可以做得好一些。"

"你的确已经做了，但还是非常可怕！"

"是的，那看来的确很不好，不是吗?"

之后多数的批评者便会哑口无言。

□ 可在家庭中排演一出戏并设定一些演出的角色。首先探讨我们曾经讨论过的批评原则，然后对这个给予和接受批评的游戏作一个评论。使用上述的回应技巧。从简单的情境开始，并注意哪些原则违反原意。帮助这人重新修正他的话语。当这种训练不再只是一种游戏时，这种实际的演练就能帮助孩子们塑造出新的回应模式。

最重要的，请记住要去实践你自己所传讲的。不管针对父母或是孩子，一个人能够拥有忠诚的批评者，并知道如何从批评者那里得到帮助，就是你莫大的幸运。

41

压力处理从小练习

任 何生存在这个动荡不安、高度竞争、步伐快速的社会里的人，必定都承担了不少的压力，包括我们的孩子也不例外。孩子的生活和那些公司的执行者比起来，也许真是无忧无虑，但孩子们所受的压力程度也确如成年人一样，只是在表现上不同而已。

压力所致的连锁反应

孩子的压力常可从其行为表现或身体反应看出。行为表现包含了退缩、沉默寡言，不正常的挑衅行为；身体的反应包含患痢疾、疥癣、皮肤病以及饮食习惯的改变，或是做噩梦等。

研究报告指出，在进入成年期后持续压力和健康问题之间有着高度的相关性，例如高血压、心脏病和癌症等。由于上述理由，孩子能否发展为具有良好处理压力的能力是非常重要的。

压力的症状常直接反应在身体上。有些压力对健康的生活是有益而且必须的。它能保持头脑的敏捷和循环系统的正常运转；它也能刺激我们在测验中表现良好，在比赛中更具竞争性，能为了一个更满意的生活而爱、而哭、而奋斗。

但是当压力超过负荷时，生理和心理便会发出警告。产生在孩子们身上的压力可能有许多原因，例如搬到一个新的城镇、患慢性病、弟妹的诞生，或者是失落感等。压力也许来自内在，由于破裂的人际关系或破坏性的行为；或者来自一些外在和不可控制的情况或事件。

我们应如何帮助孩子们减轻那些无法避免的压力，我们可以直接处理这些问题。然而，如果出现压力的原因不明或是被夸大，许多时候，我们所能做得最好方法就是帮助孩子拟定一个对抗压力的策略。

帮助孩子应对压力

为人父母的你，无论你是如何处理压力，都要为你的孩子树

43

立一个榜样。以下是一些你和你的孩子一起思考的途径：

□ 好好讨论一下，对于压力最差的回应方式就是对它置之不理。感觉是你自己在单独面对这些问题。因此，要为你年幼的孩子制造一些表达情感的机会。关于这一点，操作布偶或是绘画都是很好的活动。

□ 当孩子逐渐长大时，他们已更能够了解并分析挫折感。为人父母者要学习从孩子们的谈话中察觉可能隐含的焦虑。例如孩子提到学校中有恃强凌弱事情，或者朋友的父母离婚等事，即是从一些一般性的问题让他们显露内心隐藏的恐惧，这也是战胜压力的好时机。

□ 一起预测可能的答案。帮助孩子认同他所采取的特殊行动，可以解除某种压力。例如若问题在于孩子的功课落后，那么就应讨论如何更有效的安排时间，以改进他的学习习惯，不管是借着你的帮助，或是从老师那里得到更多的帮助。一个小小的富有创造性的脑力激荡，亦对找出问题的答案有很大的突破。因此我们切勿因为忧虑，而忽略了一个简单的答案。

□ 当孩子的生活已进入多元化的人际关系时，帮助他去评估对已经存在的问题所应承担的责任。因孩子也许会在无法控制的情况下，为别人的行为负起错误的责任。

□ 不要为明日忧虑。无论是小孩或大人，常会为那些从未发生的事忧虑。许多时候，我们需要学习多关注此地和现在的事，这是较健康的做法。不急着去处理那些压力的根源，直等到适当的时候到来为止。建议你的孩子不必为一个问题过分忧虑，可等到你与他们在一个比较轻松的场合中，再来讲解决的方法。

□ 允许你的孩子有一个适当的玩耍时刻。那是孩子们处理压力的最重要方式之一。孩子在玩具上所投注的想象力和创造力，将会带给他们更宽广的视野。例如玩黏土、剪贴簿或木雕等。

□ 家中的每一个人都需要有适当的作息时间。

□ 必须限制孩子看电视的时间。因看太多电视会产生资讯上和情感上负荷过重的压力。

□ 不要将你的孩子当作心理辅导员。特别是在单亲家庭中常因为没有其他的成年人可分忧解劳，因此就将过多的重担丢给孩子。最好适当地去找亲戚、亲密的朋友倾听你的问题。

45

□ 避免将你的孩子推进田径运动、学术性或艺术性的竞争中，或是为孩子设定一些不切实际而无法达成的目标。

□ 如果可能，为每一个孩子安排属于他们自己的空间。即使只是房间里的一个小角落，也是一个他可以独自使用的地方。

□ 关掉收音机、电视机，甚至电话的插头都拔掉，在一个安静的夜晚试着与孩子做心灵相会的沟通。

□ 与你的孩子共度轻松的时刻，如一起看日落、赏花等。

□ 最后，与孩子们一起开怀大笑！大笑常被认为是解除压力最有效的方法。

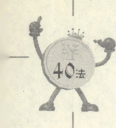

40法

建立孩子正确价值观

　　没有一个人，甚至没有一个孩子，能够完全逃避充满压力的环境。但我们却能够将家中每一成员彼此可能造成压力的根源，减低到易于控制的程度，而所得到的报偿将是更健康、更快乐的生活。

认识死亡

处理死亡的事情绝对不是一件容易的事，而在一个崇尚年轻的文化氛围里，学习如何应付死亡，更是特别困难。在这当中几乎很难找到一个成熟的模式来加以遵循。但对孩子们而言，他们必须要开始去认识死亡。如失去宠爱的小动物、亲戚，或是朋友等，都是一种创伤和充满困惑的经历。帮助一个孩子去面对死亡最好的方法，可根据许多因素来进行，包括孩子的年龄，和孩子最亲密者的死亡，以及死亡当时的环境。在你能够帮助你的孩子之前，无论如何，你需要了解你自己对这事件的态度。

学习面对死亡

在多种状况下，悲伤是最平常的反应，无论我们对此的信心如何坚强，似乎都会经历否认和愤怒的状况；那时，我们必须要面对并克服，而非一味的压抑。我们无法对孩子隐藏我们的感情，他们也需要知道我们的真正感觉，此时我们确实需要依靠其他成年人具体的扶持，并帮助我们接受这个事实。请注意，一个孩子是无法扮演安慰者的角色的。

学龄前的孩子

□ 当一个年幼孩子的宠物或亲戚死亡时，他也许会问有关死亡的问题。对这些问题家长应该尽可能据实回答，不要避而不答或是含糊其辞。孩子对一些亲密朋友死亡的反应很容易倾向于有罪恶感，因为孩子们也许会以为他们是在他的愤怒中死亡的，因而为这个缘故而使得死亡成为他的过失。此时必须帮助孩子了解他的感觉与这个事件并无任何关系；也必须帮助他们战胜被拒绝的感觉，例如以为是死者故意抛弃他的。

□ 如果死亡的地点是在医院，或是因为生病的结果，要注意不要让孩子在死亡和生病之间形成密切的联想。否则当他生病或住院时，孩子们可能会有很深的恐惧感。不要告诉幼小的孩子死亡是一种睡觉，免得他们对死亡完全不知道。有许多孩子被灌输这种思想，以致产生一种在晚间不敢上床的恐惧感。

　　□ 一个年幼的孩子是否应该去参加丧礼仍有待商榷。然而超过五岁或六岁的孩子最好能够了解并处理这种经历。在处理丧事期间，孩子仍需要留在家中，即使是父母挂着忧伤的表情亦然。一个孩子最好能有忧伤的感觉，因为他也需要了解别人的忧伤。

学龄儿童期的孩子

　　□ 八岁的孩子可以开始了解死亡是不可避免且无法改变的事实。关于这一点，他需要有提出并讨论这个主题的自由。要避免别人嘲笑或使之害臊，并要察觉孩子的恐惧感。不稳定、攻击性和羞怯常是这个年龄阶段的惧怕表现。

　　□ 一个良好的经历就是让你的孩子参与追思礼拜。与他谈论且预备参与每一部分的服务，并指出这样做的目的是要让家人和朋友们缅怀死者的德行。如果是在开放式的棺木中瞻仰遗容，让孩子自行选择他是否要看或摸。

青春期的孩子

　　□ 年龄较长的孩子最好能够认识整个临终前的情景。在那个充满混乱情感的时期，一个十岁的孩子需要在一个房间里毫无保留地表达他们的伤感。他也许想要私下安静的时刻以整理思绪，也许有赖于其他成年人或同辈在情感上有支持。

　　□ 认同你的孩子在他生命中所发生的每一件事并不常是公正且平衡的。一个踏实的人生态度将可减轻他要为一些失误负责任的罪恶感。

社交技巧

51

有什么因素能让你的儿子或女儿在婚姻和家庭生活上成功呢？当你看到一些日渐败坏的道德风尚，年轻人婚姻的失败比率的上升和同辈间的负面影响，这些都让你心惊胆战。

错误的爱情观带来失败的婚姻

为人父母者所面对最大的障碍，就是要克服那些通过大众传播媒体，所散发腐蚀我们文化中有关爱与性的错误观念。这些信从者所接受的所谓爱，通常是充满感性的感情，伴随着热烈的性

感，以及狂野的性爱方式。在这些败坏的思想当中，实在不难看到为什么孩子经常会在约会中受到伤害，并且有许多年轻人的婚姻因之而失败。一些在约会中交往的关系和习惯，常会被带入婚姻生活中。如果爱情普遍被认为是一种游戏，那么要寄望在婚礼之后能够改变这种心态，实在是不太可能了。

教导孩子正确的爱情观

当孩子开始要约会时，你如何去帮助他们呢？这里有一些指引可供参考。

□ 孩子们的自尊心会深深影响到他在约会中所表现的亲密关系，且以此来证实自己的价值。这是种信赖和一种自负的意识，年轻人会以寻求与共性间早熟的亲密关系来证实自己的价值。这种力量所表达出的情感将会非常强烈。因此建立儿女的自尊心永不嫌早。

□ 一个相当重要的原则就是父母本身的榜样。你的孩子所观察到你和你的配偶间相互对待的模式，将会被他们认定为是一种男性与女性间交往的标准。父母健全的婚姻对于青少年从电视和电影中所看到的那些不健康和被扭曲的模式，将是最佳的反击。

□ 与你的儿子或女儿一起讨论有关爱情、性与约会的行为价值。特别当这些话题在他们同辈朋友之间成为热门话题之前更是必要。你的孩子必须明白他们在干什么，并且知道你能给他们忠告。你也要点出那些来自朋友们的答案，多数是一些无凭无据的谣言，或许完全是错误的。

□ 建立一套客观的标准，必须抢在孩子第一次约会之前。这至少必须包含三个重点。

1. 你的孩子必须能够在他的领域中表达出一种负责任并能成熟决定的模式，例如做家务或学校功课，要让你的孩子知道，如果他不能够在这些事上负责任，那么约会这回事必须有其他变通的安排。

2. 要求你的孩子找出并阅读有价值的文学作品中关于爱情、性和婚姻的重要观念。

3. 让你的孩子思考并写下他们个人对于爱情和约会的哲学。当你对这些表白感到满意时，在背后签上你的名字，这些资料必须包含一套孩子们愿意遵守的标准，比如和谁约会，在约会时哪里可以去，哪里不能去，不能晚归，身体的接触要有界限等。其他较重要需要探讨的主题包括固定的约会、与较年长者的约会等。

53

□ 复习一下有关约会实际的重点。例如基本的礼貌包括：如何订下时间、约会地等。父母在这些约会之前要先了解内情与孩子一起讨论，成为他们的指导者。最后当然也要确定，你的孩子是否知道有严重的情况发生该如何处理。

□ 当你与孩子们一起讨论并写下这些生活哲学和标准时，也

要讨论内在与外在控制因素的不同点。那就是你对这些年轻人的行为所设下的界限，与他们的自制力是相互对立的。毕竟健全的约会模式并不会完全根据你所订的规则，而是当你不在场时他们自己所做的选择。因此必须与他们谈论晚归时的正面意义，及你将要建立的其他限制。

□ 当你的孩子处在青春期约会期时，对于独立性的要求，将会与日俱增，你必须让你的家成为孩子的朋友们最喜欢来的地方，因而形成一个持续性健康的场合。计划一些有趣的事，选择一些具娱乐性的嗜好，你可以加入他们的行列，赢得他们的尊重，并能学习轻易地与他们谈论一些较严肃的主题。它也许会使你付出一些招待他们吃饭的代价，并损失一些私人时间，但你所得到的回报将是心灵的平静，及与孩子更加亲密的关系。

你的孩子要在爱情和约会方面成功，他需要你的持续帮助。你的孩子们和你自己所得的赏赐，就是在当他们建立起一个美满的家庭时，所得到的永远快乐。

整洁习惯一气呵成

是否记得这句老格言："洁静近乎敬虔"？但愿我们的孩子把这样的观念铭刻于心。整洁的观念并非与生俱来，必须经过学习才能获得，孩子们学习干净与守秩序观念的唯一方法，必须通过恒久如一的榜样，加之持续不断的教导。

爱干净是学习来的

很幸运的是，因为整洁与守秩序是需要学习的，它被认定是一种良好的习惯，从而能取代一些我们所曾拥有的不良习惯。当

40法

建立孩子正确价值观

然最大的问题是如何去教导孩子呢？

· **这个问题的答案主要在于父母沟通的技巧**　你必须及早有效地表达你对孩子的期望，这样他们才能尝试努力并最终达成。而你的孩子在这件事上必须要学习的基本前提，就是要成为一个能自我约束的独立个体。

· **一个孩子必须知道你对他最基本的要求，就是希望他能为自己的行为负责**　如果孩子无法达到自我控制的目标，那么你要改变他们行为的努力将会不断地遭遇挫败。如果孩子能够培养自我负责的观念，那么你为人父母的责任就可逐渐减少，并且这个好习惯将伴随着他们直到长大成人。

56

一些具体可行的建议

请记住，许多情况之下你与孩子们的沟通并非都是用言语表达的，有时候通过态度和行为来表达。让我们提供一些教导孩子有关整洁与干净的方法：

□ 一开始就要问两个难题：（1）是否有哪些方面我要求于孩子的行为，而我自己却一直没有作出好榜样？（我是否让自己所做的事在孩子面前成为谎言？我是否清除自己的脏乱？我是否只依自己的标准行事而显得懒散？）（2）我所期望守秩序的水准是否符合孩子的能力。

□ 要确定你的孩子是否知道如何完成你所要求于他们的工作。一个孩子也需要被教导，包括如何晒衣服、整理房间或清洗浴缸等工作，试着偶尔与他们一起做些家务，为的是要告诉他们如何做。对孩子们而言，最好的指导方法就是教他们如何整理自己的房间（这常是最重要和具有决定性的任务）。

□ 避免教条式的责骂。你知道这些陈腔滥调对于孩子没有帮助，孩子如果顺从，只不过是因为他们怕被骂而去做，而在孩子心中却产生反感。因此，亲子关系的巧妙连用就显得特别重要，当你能够以恐惧之外的事物来引导孩子时，你将是更有效的父母。

□ 以选择来代替命令和规定。"什么是你应该要做的事？清理你的房间或是不看晚间电视节目？"小孩子跳不出父母的掌心。如果他选择不去清理房间，那么就是做了失去看电视节目的选择。给他如此做选择的力量，将是以其自我负责为依据，而这就是最好的训练！

57

□ 结合温柔和决断，不要含有怒气。如果怒气常伴随你做决断的要求，你的孩子将不会学到如何回应，直到他意识到你已经在生气了。

□ 当你的要求被拒绝时，不要惊讶，那是很正常的。冷静的指出你所说每句话的意思，而不要生气。不要给孩子教条式的责骂，而是要了解孩子的想法，并做决断的要求，一旦孩子们知道他们的恳求无法被接受时，他们就会驯服。此刻也正是考验你耐心的时候，因为做这样的处理，将可以免掉许多不愉快的事。

□ 避免做评估。你的孩子长期处于被权威人士评估的环境中，他一直被要求到达更高层次做一个好孩子、找一份好工作，这些要求都无可指责，但是当孩子们求好的动机只是为讨好这些权威人士时，他们所追求的变得只是服从别人的愿望，而不是负责任的态度。

□ 在你的要求当中保留一些弹性。如果可能，让孩子们的行事能配合你的要求。当然，自由并不能被滥用。果真必须如此，给他们有所选择，例如"你要我为你安排洗澡时间，还是你自己选择?"

□ 避开权力斗争，当孩子们感觉抗争对他们有帮助时，就会有争辩的倾向。不是要你铁石心肠，但你必须让孩子明白，争辩并不能带给他们什么好处。这也不是意味他不能参与做决定，它只是说明当你对孩子的教导都是为他们好时，那也就不需要有任何争辩了。

在你尽心竭力的教导当中，让耐心成为你的导引。孩子永远是孩子，他们并非小大人。当你的孩子感觉你的耐心与爱心超过你的要求时，他将会更满心感谢地回应你，即使孩子仍无法认同整洁与纪律是重要的，但是当你的孩子能学习到整洁与纪律的价值，辛勤工作从这些过程中长大成熟时，值得你骄傲的时刻将会到来。

第二部 态度取舍篇

孩子或许会忘记你所做的……却绝不会忘记你所让他们感受到的。

——卡尔·布诺（Carl W. Buehner）

成功的定义

或许在不久之前你曾对自己说："我真的不在意丹琪或杰明将来从事哪种行业，无论他们做什么，我只希望他们能尽力而为，并且成功。"

父母的价值观能影响孩子

成功一词在我们的生活环境中具有高度的价值。你可以说这是一个以成功作导向的社会，不可否认，我们的孩子每天都会感觉到成功是一种无法逃避的压力。这些压力也许是来自父母、师

长、同辈朋友，甚至是电视和杂志，它们对于在运动场上、娱乐界、政界和商界一些成功者作了无数的描述。

所有这些压力来源最具影响力的就是"你"。你所提到关于成功的重要性，将会决定你的孩子在迈向成功过程中，是否能开花结果，或是中途夭折。

为成功下定义

一个重要的课题就是帮助孩子对成功下定义　他需要清楚知道我们的世界对成功的定义：金钱、名誉、权力。我们必须鼓励我们的孩子看到，生命中真正的成功在于活出适合我们的生命，因为那才能获得喜悦。如果我们能够帮助孩子发现到一个人的价值和身份，那么我们将是成功的父母了。

在所有的目标里面，我们也必须帮助孩子建立他们的成就感，这是充实人生的基石。当人与人之间要建立一套成功的模式时，他们完成了工作、精通了技艺、具备了特质，但他们仍需要得到一些能力的肯定与信任，才能达到更大的目标。

迈向成功的指导原则

以下就是一些重要的指导原则。

• 仔细分辩是你需要享受成功的感觉，还是孩子自己的真正期望。（如：爸，我实在不想拉小提琴。）

• 衡量孩子的性情、能力和他现有环境的限制，多给予鼓励才能增加他成功的机会。（给他们一段短暂的时间以转移其注意力，例如两堂十五分钟的音乐课也许就比一堂三十分钟的课程来得更好。）

• 称赞和惩罚都是有帮助的方法，但是鼓励会对他更好。不断的鼓励能建立起孩子对自我价值的认定，即使他没有达成任何特殊成就。（如：你是一个我乐意与你一起生活的孩子，我爱你只因为你是我的孩子，即使你并不是才华出众。）

• 鼓励你的孩子表达出成功时的感受（如得意感、满足感、信心十足等）。

63

• 避免使用失败的威胁来督促你的孩子（如果你不能获得更好的成就，那么在你的生命中将一无所得）。这类威胁常会成为自我实现的预言。

• 帮助你的孩子以他独特的方式去经历成功，承认男孩与女孩间有着天赋的差异性，不必期望每个小孩都有相同的成就。

• 引导你的孩子选择较有价值的目标。例如帮助你的儿子明白约会对象的素质，比与许多女孩约会更为重要。

重视孩子的独特性

要记住每个孩子天生都有成功的原动力，只有那些消极的孩子才不想讨父母、老师的喜悦。即使是极度沮丧的孩子也可帮助他们看清自己是父母创造的个体，而且父母深爱他们，借此可以鼓励他们奋发图强。

学龄前的孩子

□ 可以很愉悦地公开表扬他们一些新的成就，大有裨益于建立他们的自尊心。对一个学龄前儿童而言，很难给他们在行为上太多的影响。当他们在收拾玩具时，若大人能适时伸出一点援手，让他们有点成就感，不也是很有意思吗？

学龄儿童期的孩子

□ 就读小学的孩子总以同辈朋友所认定的价值作为成功的标准。当他们在这个团体中被看重时，功课和家务对他们而言更具有意义。你也可以利用这点，安排他帮助兄弟姐妹或朋友完成工作。

青春期的孩子

□ 对青春期的孩子而言，家庭之外个人或团体的成就开始对他们具有特殊的意义。多注意这方面的发展，并与你的孩子多亲近，特别在当他们已经开始感觉并了解自己在性别上的成长时。

□ 已就读高中的孩子则需要强而有力的角色为榜样，以增强他们正面积极的成长与独立性。在你的工作与活动中找出一些可让他们参与的方法。与你的孩子"约会"，例如带他们做一次商务旅游，安排多姿多彩的家庭活动。鼓励并帮助你的孩子在第一次工作时经历成功的喜乐。

最后让我们能正视它。你必须成为你所教导成功价值观的榜样，在你的生命中如何为成功下定义呢？你是否已经达到了呢？让你的孩子能与你有足够亲密的关系，并能认同你的成功和失败。以上所述，请你记住，成功的生活只是一个过程，而不是一个结果。

40法

建立孩子正确价值观

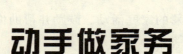

动手做家务

66

　　正如我们当中今日许多人一样，我们在小时候帮忙做家务的回忆通常都是很愉快的。但不幸的是，在今日这个强调休闲和使用家电节省劳力的社会里，却有许多孩子失去了那些从做家务中所能学到的有价值特质。

　　即使如此，分配家务在教导孩子负责任和承担职务上仍是最具有启发性的方式。在今日的工商业社会中，多数的孩子已经不再能够因父母的工作（例如在田园中的工作），而学到大人的工作技巧。多数成年人的活动也因为太复杂或太具技巧性，而使孩子根本帮不上忙，更不用说工作场所离家相当远了。

家务是一切学习的基础

无论如何，家庭仍是学习一些技巧的好地方，通过做家务，孩子能获取一些良好的特质。例如勤劳、坚忍和成就感等。而且当他们有能力胜任时，相对的也会建立起自信心。

此外，教导孩子做家务的技巧，也具有良好的教育性，例如在洗碗的过程中，就可能进行计数和算术的游戏；整理东西可帮助他们获得将复杂事物理出头绪的技巧；摆餐具可教导他们置物的顺序。事实上，几乎所有的家务都在帮助孩子从一连串的步骤中学习遵照指示，并达成工作之要求。对许多其他的教育方法而言，这是一个相当重要的基础。

67

一些具体可行的建议

在通过做家务来帮助你的孩子发展一些特质之前，你必须和你的配偶都同意以下的这些基本原则：（1）你是否确知在家务的分配过程中，实施男女有别的原则。（2）在家庭民主的前提下，仍要坚持你所立并推动的计划。（3）当孩子无法达到你的标准时，你必须了解你的主要目的只是想借着做家务的过程使他们成长，并能改善做事的方法。（4）无论你用什么方法分配工作，如果缺

乏有效而具体的沟通，最后必定会走上失败的路。

在通过做家务发展孩子特质的过程中，以下有一些基本的原则供你参考：

☐ 趁早开始。甚至是一个三岁的幼童也能收拾玩具，接着再让他学习更进一步的技巧，例如铺床，将脏衣服放入篮子里，再将干净衣服放进衣柜；一个五岁的孩童也可以摆餐桌、扫地。一件工作让孩子来做也许要花三倍的时间才能完成，但是当他们在完成这些"大人的工作"时，他们将会得到莫大的快乐和成就感。

☐ 不要排斥孩子的主动帮忙。八到十二岁这个阶段的孩子很想帮助人，也喜欢模仿父母。无论何时，若是可能，在分配家务时，多考虑孩子的兴趣与能力和一些他们喜欢做的事，孩子也会因为做得好而引以为荣。

☐ 对于那些大家太愿意做的事要轮流分配。一般的工作也要平均分给每一个家庭成员。

☐ 将每一件工作内容记录下来。工作的完成标准也要清楚写下来，否则容易发生纠纷。对每件要完成的工作，须提示他们如何做，才能更好、更快、更容易。

☐ 对每一件计划要做的工作须绘制出工作流程表。

☐ 不要吝于称赞。如果你花更多的时间去批评一件做得较差的工作，而对较好的工作却吝啬称赞，那么你所得到的负面回报将会比正面来得更多。慷慨地给予人更多的称赞不仅大家愉快，而且不会伤害任何人。

□ 虽然看法各不相同，但多数的父母认为做家务无须支付任何酬劳是合理的，因为每个人都是家庭的一分子。只有一些事例外，例如接受对外打工的机会就应接受酬劳。

□ 利用家务来创造并支持家庭独特的传统。可一起拟定些标语，例如"我们一起合作以服务每个人"和"在我们家中，权利和义务是由所有人共同分享的"。

□ 如果你正要开始建立一套家务的制度，请把每个人纳入你的计划中。列出每件不相同的工作和在工作中可能会遇到的问题，并且一起讨论为什么需要每个人一起参与分担这些责任，请记住，孩子们对于自己所设定的工作完成的速度，会比强迫他做的来得更快，他们甚至可以自己决定，如果忽略了应做的家务或做得不理想应接受什么处罚。

□ 你应随时帮助孩子们完成那些已分配好的家务。他将会看见并效法在你身上所流露出的"仆人"态度；并且借着这些工作，也会让你们全家人增加沟通和分享的机会。

以上所提的，必须努力让它更为公平。因为那是培养孩子们权利和义务观念的关键。家务永远应该是有趣而有回报的工作。

69

克服害怕失败的心理

40法

建立孩子正确价值观

70

这 里有个问题需要思考：你认为对失败的恐惧感比较不好，还是失败本身呢？事实上，我们对失败的恐惧和对失败的感觉，比真正的失败更使我们变得没有意志。有些人因为过度害怕失败而产生对这方面的惧怕——失败恐惧症！而且这也可能成为一种自我预言。

每个人都害怕失败

这种恐惧在我们的社会中非常普遍，因为我们一向都崇尚成功。这点极为危险，因为它将会使我们孤立且麻痹自己。当我们开始任何计划时，我们就须冒着可能失败的危险，而使我们不致失败的唯一方法，就是避免去尝试任何事情，这样对于我们生命领域中新的冒险也会变得退缩而裹足不前。而如果我们为环境所迫去奋斗或竞争，我们的恐惧感就会引起心理和生理的压迫感。

然而，我们却必须去面对这股巨大的失败感，仍会去尝试在孩童时期父母或我们自己所建立的不可能达到的目标；也许这种尝试要赢得某些人的赞同，因为他们的意见对我们而言是那么的重要，而似乎我们也感觉到无论付出任何代价，都很难获得成功。

孩子们害怕失败，往往起因于我们对他们成功的期望。如果孩子们经常在学校生活或是人际关系上经历失败，他们就会感觉自己彷彿是一个失败者。也许他们已经丧失了自我肯定的价值感，并且认为自己是个智能不足的人；更甚者，在他们心灵深处，罪咎和丧失生活兴趣等摧毁性的思想会随之而来，除非我们能介入，并扭转这种颓势。

71

帮助孩子体认自我价值

我们为人父母者的工作，就是帮助孩子们知道他们就是父母最美丽的创造，即使他们失败了，父母也不会改变对他们的爱。以下有一些方法可帮助你的孩子：

建立孩子正确价值观

☐ 评估孩子们的能力、性格取向和他们成长所需的因素，然后谆谆善诱引导他们，尽可能避开不必要的失败而走向成功。

☐ 当你的孩子已经失败时，帮助孩子看见他所做的仍是正确的，不要太在意失败。帮助孩子们找出他们的错误，并鼓励他们使用不同的方法去尝试。当务之急就是要将压迫感除去，此时温和的处理和教导，当可为将来的成功铺路。

☐ 当他失败时，帮助他能够接受失败的事实。不但是孩子的失败，也是你的失败。

☐ 当孩子失败时，不要对他们造成压迫感，或是将他们当作出气筒。不要太在意他的失败，而要带他们朝成功的道路前进。

☐ 当你的孩子觉得自己像一个失败者时，倾听他们内心的感受。提醒他们在某些事上的失败并不表示个人就是一个失败者。告诉他们你所看中的是他们个人，而不是他们在工作上的表现。

☐ 逐渐将"即使失败也是好的"等观念灌输给孩子。告诉他们每个人都会有失败的经验，只是这种经验来得早和晚而已，正如你自己或孩子均需要更多勇气和力量，因为他们仍是不完全的。

☐ 提醒自己不要在脸上露出不悦或厌恶的表情。避免咒骂人、沉默不言，或转而更注意其他的孩子们，所有这些方式和做法均会夺去孩子的自尊心和自我价值的认定。

☐ 请记得对一个年纪较大的孩子在失败上的宽容，并不需要比年纪轻的孩子多。（十七八岁青少年中有叛逆的行为，就是对失

72

败处理不当的结果。)

　　□ 请对你自己生命中的失败做出一个正面而积极的正视。当你失败时，不要对你的孩子隐藏，诚实地与他们一起讨论，并且对他们表现出你将以新的决心迈向成功。

　　□ 一个经常失败的孩子也常是没有进取心的人。当一个人沮丧到一个地步时，会放弃希望，甚至觉得自己是没有价值而且不可爱。当他们对所有的努力都感到绝望时，孩子们会感觉他们在父母面前已经不重要了，而且也伤透了父母的心。如此的孩子这时只会放弃自己，证明他们是坏透了，已完全脱离大人的管束。

　　显然，这样的孩子在感情上已经受了伤害，而且传统纪律的标准也只会使孩子变得更坏，他需要更多的鼓励，或许需要专业辅导的帮助。

　　最后要提醒的一件事：当你无法处理孩子们的失败时，你会有什么样的感觉呢？不要产生失败恐惧症，只要将上述的要点谨记在心。

40法

建立孩子正确价值观

帮助孩子自我肯定

74

我们常看到和听到自尊这个名词。一些专门制造麻烦的小孩，甚至是精神官能异常的大人，都可以说是由于缺乏自尊造成的。然而自尊到底是什么呢？自尊有什么好处呢？自尊这种感觉是来自哪里呢？特别是孩子们自尊是从哪里养成呢？

自我肯定的人

简单而言，自我价值的感觉是一种内在的思想和信仰。它们告诉你，你是一个有价值的人，并且你也是理所当然有能力和有人缘者。当你选择相信这关于你自己的思想时，你也会期待别人以这种方式看你并喜欢你。而且因为你已自认为自己是个有价值、有能力且可爱的人，因此你将倾向于开放、友善、乐观、衣着入时，并富有冒险性。

缺乏自我肯定的人

另一方面，如果你或你的孩子缺乏这种自尊的感觉，而且认为是个没有能力、不可爱或没有价值的人，你可预期自己的努力将告失败。也预期别人将排斥你，并认定你是一个失败者。

结果，你的精力就会放在防止别人发现真正的你。因为你预期别人会拒绝和批评，你也倾向于怀有敌意、闭锁、不友善、期望失败，你也将变得懒惰和情绪不稳。而且因为你感觉自己毫无价值，你将会忽略你的健康和容貌。但也许你会花更多的时间来塑造一个漂亮的外表，让人相信你是个漂亮的人。当你了解这种因果关系时，你就不难了解你的孩子自尊心的来源了。

建立自尊的要素

自尊心基本上是在孩童时期建立起来的。自尊思考模式一旦形成后是很难被改变的。

建立孩子正确价值观

自尊建立有下列三个基本要素：

归属的安全感 来自稳固的家庭生活。

成就的满足感 每一个孩子都需要在某些事上获得成功。

被看中的喜乐 一个孩子满有喜乐的自我肯定，在于别人经常而真诚的赞美。

在此，父母的反应将会建立孩子健康而正面的自尊心。请将以下所述这些原则与你的现状比较。

☐ 仔细检查你自己所拥有的自尊。父母自己需要有一个正面积极的自我形象。

☐ 提供给年幼的孩子一个发展才能和信心的机会。专注在玩具、游戏和技巧中，将可使孩子在面对他们自己的环境时，具有创造力并能成功。

允许你的孩子选择他自己成就的领域。不要强迫他有你年轻时的雄心壮志，或让他完成在运动、学术或艺术上无法做到的事。

☐ 专心倾听孩子们说话。它将会告诉你他其实是一个有趣的人。

☐ 面对许多不同的问题可问问孩子们的意见，看他们将如何做。如此可帮助孩子们发现他们的判断力，增强自信心。

☐ 如果你对孩子的计划提出一些问题（不是嘲笑），你将能帮助孩子们发现任何事情都是可以改变的。当有新的信息出现时，他能够重新评估环境。

□ 将每个孩子视为独立的个体。避免将你的孩子们互相比较，要强调每个人具有自己独特的能力也存在软弱的一面。

□ 要评断你的孩子，特别是有关他的问题。但必须要孩子不在场才能做。

□ 要注意到孩子们的绰号，特别是那些你曾用过的。避免使用一些有伤自尊的名字或是很无聊的绰号例如"乌龟"等来称呼你的孩子，那将带来不好的特质。选用一些正面积极的名字，例如"冠军"或是"公主"。

□ 诚恳的赞美。当一个孩子是仁慈、不自私、纯洁、乐于助人、有自制力、有创造力、善于与人合作、勤勉的，或是有其他值得称赞的事，请好好的夸奖他！你的孩子将会在你所称赞他的方面成功。诚恳的赞美绝不会伤害任何人。

77

□ 指出并称赞孩子有进步的地方。尽管它的幅度很小，他也将能学习乐观进取。

勿走摧毁的途径

另一种反面的方式将会毁掉所有的自尊。把孩子置于负面情绪和责难中，很快便使他失去自我价值感。

□ 避免责难式的批评和嘲笑。这种批评和嘲笑将会给孩子一个不好的心理暗示。

40法

建立孩子正确价值观

□ 避免经常为你的孩子做决定。如果你经常如此，孩子们或许以为他的判断力很差。

□ 避免指出孩子们许多失败和不完美的地方。那只会让孩子在竞争的环境中失去信心，而且孩子也将不再喜欢他自己，同时也不会期望其他人来喜欢他们。毕竟，"父亲与母亲比我更大、更强壮、更有吸引力，因此他们的判断是对的，这也是我一无是处的地方。"

从以上所述的这些自我评估中，你的孩子如何为他们自己下结论呢？孩子们所做的决定也是相当重要的，而且只有你能够将真正自尊的礼物送给他们。

78

学习感恩

79

这 是你所熟悉的表情：一张容光焕发的脸和闪烁的眼睛，这位快乐可爱的"小天使"第一次有这种兴奋的表情，是当他躺在摇篮里你所带给他的。"哦，谢谢您，妈咪！"他尖叫着说，同时小手臂紧紧地环抱着你的头部。或者是有这么一个感觉，就是当你十七八岁的儿子一拳拍在你的背上，并说："谢谢爸爸让我使用车子，你真是太好了。"

但也许你也尝试过一些窘况，就是当孩子从你的手上收到一份礼物时，回应的却是缄默无声。或者是当你表现出一股热情时，却无人领会，使你感到十分的失望。

如何建立感恩的心

　　是哪里不对了？要怎么做才能使孩子时时存有一颗感恩的心呢？

　　·许多最新的研究报告指出，没有任何事物会比观察父母相处的关系，更能影响孩子们的价值观。你的孩子是否经常或公开地看到你和你的配偶表达出双方彼此的尊重？

　　·另一个刺激孩子表达感恩之心的重点，就是你要经常表达你对孩子和他们所做之事的尊重。如此，你就肯定了孩子的自尊，而且当孩子能感觉到你对他有更多的尊重和认同时，他将会更自由地对他人表达出感谢的心。

　　·然而，我们仍然会感到惊奇，为什么要表达感恩这件事对孩子们仍是那么困难？当一个孩子诚恳地说谢谢你的时候，他会感到开放且是心甘情愿的，因为那是一种信赖的表示。这也是为什么我们不要以求大人表达感激的方式，来压抑幼小感恩的心灵。我们也必须依孩子的年龄，让他们自由表达感谢的方式。

　　我们必须承认，真正的感恩不是被要求出来的，亦无必要让你的孩子因为没有表示感恩而感到罪恶。一种较好的方法就是在他不感恩的心灵中找出一些基本的原因。你曾否听见什么呢？是因为没有安全感、恐惧、愤怒、寻求报复，或是一种孩子们寻求发泄、自暴自弃的行为？当你能够了解这些原因，并去满足他们的需要时，一颗感恩的心将会立刻恢复，孩子也会因这种没有条件的爱而感激你。

一些具体可行的建议

有一些较特别的方法能让你帮助不同年龄的孩子建立感恩的心，以下就是这些方法。

学龄前的孩子

□ 一个学龄前的孩童很自然地是以自我为中心。他急需要有健康的发展，在这年龄中多数的感激都来自于获得更好的认同。你可以毫无拘束，并且公开地为孩子一些较特别的事谢谢他。

□ 尝试与你的孩子一起玩"谢谢你，身体！"的游戏。对于身体上每个代表不同功能的器官表示感谢，例如说："手啊！谢谢你，因为你帮助我吃东西。"

学龄儿童期的孩子

□ 一个上小学的孩子已能用创造性的方式表达感恩的心。帮助你的孩子借着写一些简单的诗歌以表达对家庭其他成员的感激，特别是在一些值得纪念的日子，如生日、母亲节、父亲节、情人

节和结婚周年纪念日等。

　　□ 制作一张家庭的感谢卡。我们经常把别人为我们做的一些小事当成理所当然。请花一些时间一起制作一张简单的卡片或便笺，以表达对这些微小帮助的谢意。

　　□ 在家庭中也可玩一种"旋转瓶说感谢"的游戏。当瓶子对准某个人时，他必须表达出一件值得感谢的事。然后这个人可以旋转瓶子对准下个人，然后一起畅谈听到对你们感谢话的这种感觉是多么的舒服。

　　□ 偶尔也可以全家一起写一封信，谢谢那些曾经帮助过你们的人。如祖父母、保姆、阿姨或是老师。想想看当收信者读到你的感谢卡，或是在信箱里收到你送的一袋小甜饼时，他的心中会有多么的舒服啊！

　　□ 当你在开车时，也可利用一点时间做一些表达感恩的事。轮流想一些值得感恩的事。

青春期前的孩子

　　对于一个青春期前的孩子来说，赠送礼物和帮助别人，也是表达感恩的一种非常重要的方法。在这段时间，一个孩子已经有更大的能力去帮助别人完成其需要。而且当孩子们自己的需要被满足或有回报时，他将会愉悦地谢谢你。

青春期的孩子

□　青春期是另一个具有强烈自我中心意识的时期。这些年轻的生命已经开始认识自己与其他人是不相同的个体。你应该将感情与物质的礼物均送给你的孩子——你所给的礼物包括尊重、信任和个人的时间等。

□　在家庭中，养成一个公开而自然表达感恩的习惯。在一些较小的事上与你的孩子一同分享喜乐，例如看到夜晚天空的星光或得到一只小狗等。即使为着这些较小的事物也毫不掩饰的表达出心中的喜悦，甚至是唱一首感谢的歌。而且不要忘了即使当事情进行的并不顺利时，仍要抱着一颗感恩之心。

□　将感恩节当作家庭中最好的感恩机会。全家人围在餐桌前一起述说恩典，并为获得的较特别的礼物表达出感谢。在吃饭当中也可表达彼此的感谢。

综合以上所述，让每个孩子都能看到并听到你为他们所做的感谢。

83

激发孩子的创造力

84

每 个孩子都有创造力，他们与生俱来就是具有创造能力的人。

基本原则

创造力的发展在于每个孩子所能得到真正价值感，与受到尊重的程度而定。经常的关爱、赞美和许多的拥抱，能激发出创造的灵感。让我们来看一些重要的原则和活动：

□ 要肯定孩子的能力。避免一般大人常犯的错误——将过多的答案提供给孩子。

□ 允许孩子能有某些程度的冒险。它将使你们都感到自由，并增进你们之间的关系。自由发挥的创造力是在遵守规矩和闯入未知领域中探究的一种平衡关系。

□ 鼓励年幼的孩子尝试表达他自己在戏剧中所扮演的角色。如果孩子的父母能同时在男性和女性的角色扮演良好的榜样，那么让小男孩玩洋娃娃或让小女孩玩卡车玩具等并不会有何不妥。允许你的儿子自由地表达他的感情和富有感性；或是让你的女儿有独断主张的机会，并让她表现出个人独有的创意。

□ 通过一些优良的书籍、音乐和艺术来激励你的孩子。你们可以一起到图书馆看书，一起收听新的广播节目，或一起参观博物馆等。创造力的衍生多数是来自于接触，因此多吸收一些新观念和新事物，或对外界有更多的接触，就会产生更多潜在的创造思考力。

□ 不要轻易下结论。对于孩子一些较不实际的想法不要下带偏见的结论，或以轻视的口气说："这是没有用的。"

□ 鼓励孩子多发问。虽然学龄前的儿童也许会问许多你不想回答的问题，但请你记住，一个爱发问的心灵，也就是一个具有创造力的心灵。帮助你的孩子学习问些较好或者更深入的问题，然后一起找出问题的答案。

□ 对于孩子犯的错误，找出一条正确的解决途径。当一些严

重的错误发生且需要适当的管教时，要记住惩罚只是对他们的行为，而不是对个人。不要以侮辱性的字眼来纠正孩子错误的行为，免得伤了孩子的自尊心，例如"做这件事真是愚蠢。"

□ 评估孩子们的创造力、表演能力和他们做实验的能力。一些轻率而急躁的决定将会扼杀一颗创造的心灵，例如"你为什么要做那件事呢？"或者"离开那些毫无价值的东西！"可将孩子们较杰出的作品放置于明显的地方，并在他的朋友面前称赞孩子的表现。

□ 鼓励孩子编撰故事、表演木偶戏、亲手缝制衣服、参加音乐演奏会和即兴演出戏剧等。这些都是激发孩子发挥创造能力和观念最好的方法，在他们所参与的活动中若能具备一些特色，孩子们将可从中获得更大的帮助。

□ 与你的孩子一起扮演一个具有创造性的观察者。花点时间去观察鸟类、天气、人们、花卉和动物等。不但注意事物的本身，更要注意观察的过程。

□ 与你的孩子一起作诗、写日记、画插图或一齐动手修房子等。对于这些创造的品质不必要求太精美，只要热心地导引他们即可！

□ 选择能刺激个人活力的玩具和活动。例如一座轻质木料造成的工厂模型比不上那些拼凑的零件。口琴、放大镜、磁铁和硬纸盒等将会比那些已经完全制好的玩具，更有启发创造力的作用。

86

□ 鼓励你的孩子收集一些东西。羽毛、纽扣、邮票或是任何较特殊而有趣的东西。收集东西可激发一种追根究底和创造的思想。

□ 建议孩子们在实验时使用一些轻便而且具有创造性的物质。在孩子的游戏中使用黏土、粉笔、纸张、材料、胶水、、旧杂志、铁罐和瓶盖、棉纱、水管等都将成为每个孩子回忆里的一部分。而后也可增加穿戴衣服、铁锤和铁钉、照相机和其他的东西等。

□ 允许较大的孩子布置他自己的房间。以期创造出一个可以表达特质和喜悦的气氛。

□ 通过一些文字的游戏、儿歌、故事、谜语、抒情诗和古典诗等，激发孩子们语言的能力。当大人们在谈话时，允许孩子们在场，因为这是一种很好的词汇拓展方式。一起阅读书报杂志并讨论，也可鼓励他们多多写信。

真正的创造力应包含独立性、认知性和适应性。正如大多数的价值观和特性一样，这些都始于你自己所作出的榜样，请注意！只要付出少许的关心和计划，你就能给你的孩子终身受用不尽的创造力礼物。

我做得来

88

如 果你曾经仔细观察两岁孩子成长的过程，你就能明白他们有股向前冲的正面积极力量，这是没有任何事物可以拦阻的，是一种"无论如何，我都要去做"的精神，那真是种神奇的力量。

培养孩子凡事都能做的精神

在比两岁稍长的年龄里，这种"凡事都能做"的态度将会被许多沮丧的经历所改变，心理学家告诉我们这种来自其他人负面的回馈，会摧毁掉我们多数人的自信心。这种重建的重担就落在父母的肩上，因为只有我们能做许多事来帮助孩子们培养出一种"凡事都能做"的精神。

□ 在人们的成长和发展过程中，可以看出一个人具有强烈的自信心，主要是来自于他们充满自信心的父母。因此，首先要的就是你要向孩子显出一个充满自信心的态度，你也必须对你自己生命中的挑战充满信心。当你有问题需要解决，有挑战要面对，或有工作要做时，请以肯定的心态去面对，如此你就会成功。记住，你的孩子正在注视着你呢！

□ 你必须对你自己的孩子有信心。有两种基本的方式可以表达：**经常以言辞来叙述；信任孩子所做的。**在罗勃·舒勒（Robert Schuller）所著《你能成为自己所希望成为的人》（You can become the person you want to be）一书中就列出了这些成功者自信的特质：想象力、承担、坚忍和永不放弃。将这些单词 Imagination，Commitment，Affirmation，Never give up 的头一个字母组合起来，就是"我做得来（I CAN）"。让我们更深入逐一来讨论主题，以期能帮助你的孩子建立一种成功的态度。

89

□ **想象力（Imagination）**包含评估一个孩子的能力和需要，并让他知道其他人也会做一些梦或是感觉不能适应。你能帮助你的孩子认知作出指示能力，并且充分运用想象力。带你的孩子出去吃早餐，并让他们知道你会梦想，而且也会惧怕失败。与孩子

们一起讨论他们自己的能力和如何克服他的软弱。

　　□ 在家庭成员相处的时间里，让大家一起分享他们彼此表现出的较坚强和软弱的一面。要让孩子知道短暂的软弱，例如身体的发展，或是年龄的限制等，与那些较长期的软弱是有所区别的。

　　□ 想象力目的，是要帮助孩子在心里想象他们自己成为他们所希望变成的人。让你的孩子听到有关你过去笨手笨脚的情形，在求学时期所遭遇的困扰和其他的失败等，对孩子而言都是有帮助的。孩子知道你能克服这些难处，将可帮助他们培养坚忍不拔的精神。

　　□ 想象力的另一部分，就是我们对自我形象的看法。帮助你的孩子训练他们自己更有自信来增进他们的想象力。教导孩子去认识并拒绝那存留脑海的思想，例如"我真是无法去完成它；我从未做对一件事。"相对的，以一种正面积极的叙述来代替："当然，我能够做！上次我就做了一件很棒的事！"

　　□ 承担（Commitment）。在达成心中想象目标的过程中，承担是次一个必要的因素。你是否知道孩子的目标和梦想？是否帮助他们评估自己或是为他们做些计划？然而这对一个年纪较大的孩子也许较容易，但对一个年纪较轻的孩子就要帮助设定目标。例如学习骑脚踏车，拥有一只小狗，或是准备建造一座模型飞机等。同时，对每一个孩子提示一些你自己的目标和抱负。承担不但包含了孩子热切的期望，更必须添加你个人的帮助、鼓励和支持。

90

□ **坚忍**（Affirmation）。达到成功的下一个重点就是坚忍。在早期阶段中，为你的孩子设立成功的经历。让他帮助你整理车子或是烹调特殊的食物。要求你的孩子教你一些他们知道而你所不懂的事情，并且对一些你较内行的事物要避免有过多的提示。

请记住孩子们能做一些大人的工作，而且比我们想象的还要好，他们能够绘画、帮忙调整汽车引擎、在办公室中整理档案、核算税单上的数字，甚至执行家庭的预算等。因此对于过去你所认定他们能够帮忙的工作，或许应再重新做一个调整。

□ 在帮助孩子走向成功的过程中，要了解对于他们的工作是否有过当的训练和准备。在你的孩子开始烘焙蛋糕、建造一个大型玩具汽车房，或是尝试一种新的运动之前，应给予他们必须的教导和范例。但也不必给太多的教导，特别是对一个年纪较长的孩子，因为也需要他们想出一些好主意。

□ 要帮助你的孩子将目标订得高一些。孩子们不一定常会达到这样的目标，而当他没有达到目标时，你仍要支持他们。然而缺乏挑战的工作也不一定会令孩子满意，也许更会因此使他们的自信变得迟钝。

□ **永不放弃**（Never Give Up）是一种被耐性所提升的特质。当你的孩子似乎在一件工作失败了，或是达不到目标时，要及时鼓励他们继续努力。提醒他们一个人过去之所以成功，完全是因为他坚忍不拔。此时可以提供你的帮助，但只能在孩子将要放弃

91

或失败时才如此做。而且当你帮助他们时，也不必做得太多，提供适当的帮助，加上孩子自己持续的努力，将可使孩子迈向成功之路。

需避免的陷阱

有以下一些陷阱是需要避免的：

·不要禁止孩子去尝试一件新的工作，甚至你也无法知悉他们是否会成功。如果你的儿子第一次想自己进早餐，就让他尝试吧，甚至给他一点奖赏来帮助他。

·不要因为一次失败而让孩子显得彷徨无助，或者说出这样的话："你在上次要这么做时，已经把事情搞得一塌糊涂了。"

·避免过度的批评。不但是对你的孩子，对他的朋友也是如此。要避免将自己的孩子与其他的孩子相比较。

亨利·福特（Henry Ford）曾说过这句名言："想想你所能做的事，想想你不能做的事；不论你怎么做，都是对的。"孩子们"能做"的信心都是因你而开始的。如果你相信你的孩子能完成美好的事，那就是他最好的机会。请记住"我做得来"（I CAN）的原则，将这些重要原则妥善运用，那么你将能获得成功的回报。

学习服务他人

93

当你梦想属于你自己孩子的理想时，服务于人的心态也许不是你所想的。这也许是因为在我们被人服务的机会似乎是比服务别人要多得多。

有着服务于人的心态对于人生的成功有极重大的影响。一个领导者若缺乏服务于人的心态，将会吃到苦头。用服务于人的心态来领导，比用威严震慑属下要好得多。举例来说，一个没有彼此为对方奉献的婚姻，不但无法帮助配偶，婚姻也无法持续长久。

父母先成为榜样

你应如何为你的孩子灌输服务他人的思想呢？正如在其他的领域一样，孩子在家中看到的榜样最多，而且也能学得最好，以下有几个问题可以用来测验你自己：

· 在每日生活中，孩子是否能够看到我主动服务和帮助别人，即使我的老板没有支付任何报酬，或是配偶根本没有唠叨之下？

· 当我的配偶疲倦不堪时，孩子是否能看到我在家中自愿地做一些额外的家务？

· 在家庭里的一些较"卑微"的家务是否多由我做，还是我经常将这些不讨人喜欢的工作分配给我的孩子？

· 我是否常找出一些简便的方法让孩子在做家务时能更容易完成；或是我认为孩子理所当然要为我多做些家务？

· 当孩子们正忙着做功课，或者他们正需要一些额外的时间时，我是否能够自愿地替孩子们做他们分内应做的家务？

· 我的孩子是否经常看到我在帮助朋友或邻居？或是在团体中扮演一个自愿服务的人？

如果你认为所有以上这些问题主要是给父母而不是给孩子们的，那么就答对了。因为这样的过程都从我们本身开始，然后再加上我们的榜样，我们才能帮助孩子树立一个为他人牺牲的服务精神。

94

让孩子学习参与

即使是一个刚学走步的孩子也能学习成为父亲和母亲的"帮助者",如果你正计划花更多的时间在家务或其他的事务上,与其你要单独去做,不如将一些较小而且有趣的事情你的孩子来帮忙,例如洗碗盘,洗车子,收拾玩具或擦拭家具等。如果孩子不太情愿,在这个年龄里也不要太勉强;但是如果他渴望参与你的工作,那也是极为美好的事。对他这样的表现要表达你的赞美和感激,并且经常对家庭的其他成员述说你有这么一个年轻优秀的助手是何等的幸运。甚至你也许常会发现因这种方式而能让工作更快完成,因为孩子并不只为吸引你的注意而工作。

学龄前的孩子

□ 可让孩子实质参与。当一个孩子到了四岁或五岁的年龄,而且明显地已有自我认同意识的时候,就可以让孩子实质的参与帮忙,例如与弟兄姐妹一起分担参与处理家务,或者在客人到达之前协助父母做全家的大扫除,对这样的服务也要继续给予称赞和认同。

学龄儿童期的孩子

☐ 鼓励你上小学低年级的孩子偶尔也要自愿做教室内的杂事，或是纯粹为了操练服务的心志，而让其做少量的工作。如此就能帮助孩子在竞争压力下获得另一种平衡，并且让孩子了解在学校中或家庭服务的真正价值。

☐ 让你的孩子能参与集体的活动。在此，同辈朋友的压力会增强服务的价值感。这种思考和行动的模式将对孩子影响深远，对塑造个性之影响将达一生之久。

☐ 与你上小学高年级的孩子一起讨论服务他人的角色和建立无私的友谊。与他一起思考如何服务一个朋友，并对朋友的回应做一个记录。如果一切行动并不理想，则找出原因排除困难，并建议孩子再做第二次的尝试。

青春期的孩子

☐ 当孩子在做服务的工作时，可为他们拍照留作纪念。当你打开家庭剪贴簿或播放家庭幻灯片时，不要忘记对他们称赞一番。

☐ 要求家庭的成员能承接一些团体性的服务。例如由全家一起来承担为年老的邻居整理庭院的工作，与那些失学而孤独的人联系并关心他们，认养扶助贫苦的家庭，或者联络社会福利团体，以便发现有哪些人或事需要你们全家去帮助。

96

　　每个月统计研究孩子和你自己的"服务系数"。要确定服务经常是晚餐时间大家谈话的主题。让你的孩子清楚地了解一个成熟而乐意去服务别人的人，将很肯定地能成为一个真正的"领袖"。

风趣和幽默

98

幽默大师克雷格·威尔逊（Craig Wilson）不只是一个风趣的人，他更是积极而且认真地参与生活。他曾说过："幽默是我成长的一部分，我们能自由地愉悦我们自己。不论我们在扮演着什么样的角色，即使是在晚餐时间说说故事，都能使我的家中永远笑声不绝。"

笑是最佳药方

你家里的情况如何呢？笑声里所包含的爱和幽默是否成为你

的孩子从你身上能学到的一些基本的人生态度呢？有些特质对于身体的健康是大有帮助的。事实上，"喜乐的心，乃是良药。"笑能刺激循环，能使血压稳定，使血液更容易氧化，能促进消化，能按摩发音器官等。它似乎也能帮助治疗一些慢性病。

笑同时也是一种很好的精神良药。它能促进生活中的爱，减低压力，并且能使人与人之间的关系趋于和睦。无论你是否将自己看为一个"风趣的人"，你都能在脸上挂着微笑和愉快的表情，如此将可为你的家庭带来更多的欢乐。

· 幽默感能帮助明理的父母允许孩子们去扮演孩子的角色。在孩童时期对他们的行为抱着太完美而强烈的期望，将会带给孩子没有安全感和可怜的自我形象，当使用幽默的态度来矫正孩子时，它的效果会远超过使用威胁性的惩罚。撇开这种亲属关系的背景不谈，在严重犯错的时刻也能用较适当的方式去处理，以免伤害到原存于父母和孩子间的亲情。

· 笑能净化人类的心灵，特别是在高度危机和情绪化的时刻。克雷格曾叙述道，在他的父亲因罹患疟疾而即将过世的前三天，他到医院去探视他。当他父亲在病房接听电话的时候，他听到他说："我是乔荷建。"当然，这并不是他父亲的名字，然而这却是他父亲最喜爱的绰号，也是他在很久以前就已选用的名字，此名字是他在较重要的生意场合或是在餐厅预定席位时才用。可见克雷格的父亲选择在那个时刻用那个名字，是以开玩笑的口吻来告

99

诉朋友他最糟糕的时刻已经过去了。

· 没有任何一件事情能像笑声一般消除并平衡冲突所带来的紧张。一点幽默的机智能消除对抗并减轻暴躁的情绪。克雷格回忆有一天早晨，当他的祖父系着一条脏领带下楼吃早餐时，他的祖母就吼着说："你从那里去找到这种领带？""有什么不对吗？"他疑惑而且天真的回答。"你不觉得它很脏吗？"她说道。"是吗？"他回答到，并环顾着房间四周围，"我猜那对我是一种很严厉的控诉。"

每个人都捧腹大笑，而且这一整天在克雷格的家中，一些单纯的家庭小摩擦也经常被其他人模仿并翻译成"那对我是一种很严厉的控诉！"

一些具体可行的建议

有以下一些方法可增加你家庭中欢笑和幽默感：

☐ 你自己所作出的榜样非常重要。你可以嘲笑你自己和你所犯下的错误。千万不要让你自己显得太严肃。充满着希望的笑声，能够帮助你看到一些困扰你的问题。

☐ 以一些笑话和谜语来使乏味而单调的家务变得更轻松愉快。让这些单调而辛苦的工作，例如清洗碗盘或打扫庭院等时间，能在有趣的故事和笑声中愉快的度过。

□ 通过健康有益的笑话来保持一颗年轻的心灵。家庭的成员不妨彼此开个无伤大雅的玩笑，因为那多少也可表达出他们之间成熟的爱和尊重。

□ 将家庭中天真自然风趣的时刻记录并珍藏起来。你或许会找出一些特别好笑的事物，以自我幽默的方式一次又一次的使用，以缓和一些紧张的气氛，并引发笑声。

□ 对于刚学走步的孩子也需要对他们逗笑。当你必须说不时，要肯定地说出，接着就必须立刻露出微笑的表情。在惩罚时加入幽默，会带来料想不到的效果。

□ 小心区别健康的笑声与讪笑、讽刺或戏弄的不同。健康的笑声能治好许多的疾病，其他的玩笑则会使人受到伤害。

□ 将一些讽刺性的漫画与大家一起分享。或者将它贴在冰箱上或是家庭的布告牌上。

101

□ 收集一些有趣的故事，或者是一天中偶发的好笑的事件，固定地在每天晚餐时告诉大家。在进餐时添加一些笑话和有趣的谜语，能帮助大家消化！

一个没有笑声的孩童时代，实际上就是一个暗淡无光的故事。笑声就是最好的良药，而你将成为家人最好的医生。

40法

建立孩子正确价值观

赶走沮丧

成长的过程是艰辛的，也是痛苦的。没有经历过相当的压力，孩子是无法长大成人的。对大人和孩子们来说，一些不愉快的感情冲击是日常生活中免不了的。有时候，每个人都会有感到潦倒、沮丧、没有精神，或是烦闷的情绪。因此学习如何对抗这种情绪，甚至去评价它是我们的孩子需要具备的一种人生历练。

孩子们（有些大人们也是）抗拒忧郁的能力可能各有不同。有些人可能会客观的观察他们自己的情绪，有些人则似乎只能够为自己悲伤的情绪辩解说"他们是对的"。这就有关乎每个人的成熟度和气质了。

基本原则

在你帮助孩子度过沮丧的过程时，请考虑以下这些原则：

· **可以将一些消极的情感表达出来** 因为这是正常的，甚至它是对生命中的难处所作理性而健康的回应。避免让孩子觉得情绪低潮是错误的印象。

· **在我们处理消极的情绪时，应包含我们的选择和我们意志的行动** 虽然我们无法经常选择所处的环境，却能因为所做之决定，使我们不断调整自己的情绪，并能对此环境做适当的回应。我们也常会尝试去寻找感情的需要，例如引起别人对我的注意，或者用闹别扭等可怜的方法求得他人的关注，然而我们应该选择积极的方法，来满足这些需要。

在一个艰难的环境中，或是面对忧郁时，若无法采取有效果的反应方式，将会让你的孩子觉得手足无措，而无法做正面积极的反应。有一种甚至多种这类的症状可能会出现：

1. 喜怒无常的情绪会持续一段时期。

2. 在别人面前退缩。

3. 扰乱了睡眠的类型。

4. 改变了饮食的习惯。

5. 身体出现各种的症状。

6. 学业成绩下降。

7. 具有攻击性或破坏性的行为。

8. 焦虑、神经质和精神恍惚。

如果以上这些症状一直持续不变，那么就应找专家帮忙。

一些具体可行的建议

在正常的情况下，下列这些方法应能够帮助你的孩子克服这些不愉快的感觉。

104

□ 要让孩子知道你了解这种感觉。接着帮助他们将注意力疏导至另一个兴趣或活动上。当孩子仍在学龄前的年纪时，这是一种好的方法。经过一段简短的讨论后你可以说："让我们来做这件事。"或是"你可以帮我忙吗？"

□ 不要掩饰你真实的感受。如果你所分担的是极度的悲伤，例如你心爱的人离世，那么就不要掩饰你自己的感情。如果你的感受正是这样，那么就走上前去与你的孩子一起落泪。因为你自然地表达发自内心的情感，如此将能帮助你和孩子建立更亲密的关系。

□ 忧郁感和孤独感通常有密切的关系。这时应给你的孩子更多的拥抱，并花时间和他相处，也可邀请朋友到家里来，或是计划一下日后郊游的事，这些都是克服忧郁的最好方法。

　　□ 和孩子一起检讨他最近的行为。忧郁也经常是一些尚未解决的过错所引起的症状，如果孩子无法找出悲伤的根源，那么就应温和地与他一起检讨最近的行为，采用间接的方法问他们问题，不要有任何责备。你或许会发现一些需要去面对、自白和被宽恕的罪咎。

　　□ 协助你的孩子如何做选择，以克服情绪上的反应。孩子们有时会郁郁寡欢，不发一言，这时候去劝导只会显出你不了解他的心情。有一种较好的方法就是帮助你的孩子说出他的选择："你可以坐在这儿独自烦闷，你也可以打电话给朋友，或是……"强调这些选择的重要性，并听听他们对此有何意见，最后要求他选择一项较好的。通常一个快速的要求能让你的孩子做出一个有效率的决定。

105

　　□ 避免付出过度的同情心。太多的同情会显出孩子的无助。一个较好的方法是告诉你的孩子，当你处在与他相同的景况时，你回忆一下那个时刻的感觉是怎么样，而你如何克服它。你对忧郁的认可，将帮助你的孩子能肯定忧郁是正常的，而且是能被克服的。

　　□ 保持你的敏感度。你有足够的时间，但你无法将你的孩子带离郁闷，他必须自己去克服，你的职责就是提供适当的协助。

　　综合以上所述，请记住除非你对自己情绪上的反应能以如下

的话语为榜样，否则你的努力都将归于失败。"不但如此，就是在
患难中也是欢欢喜喜的，因为知道患难生忍耐，忍耐生老练，老
练生盼望。"正如一句标语写道："没有痛苦就没有收获。"如果你
能花点时间来教导孩子这些方法，那么你的孩子将能战胜所有这
些不愉快的情绪。

有头有尾

107

孩子们玩游戏通常玩到筋疲力尽才会结束，但是为什么他们却很难在日常工作中贯彻始终呢？而这正是成功生活的一个关键。作为父母应该如何帮助他们养成这种好的习惯呢？

锲而不舍的精神在今日的社会里已不常见。我们的文化倾向于"快速化"，无论是食物、家电用品、甚至是其他许多事情。再加上这个社会也一直提供给我们生活上流行而繁华的信息，这些都很明白地显示出为什么孩子们无法培养出坚韧不拔之特性的原因了。

应具备的原则

你应如何帮助孩子在做事时能贯彻始终呢？以下有一些较积极的原则可供你参考。

学龄前的孩子

☐ 对于学龄前的儿童，保持平衡是很重要的。在这个年龄阶段，孩子学习的动机都在于是得到奖赏或是避免惩罚，却无法了解一件工作必须有始有终。当孩子无法完成一件指定的工作时，最好的方法就是提起精神帮助他们。这样的榜样正表示你的支持，教导他们完成一件工作的重要性，同时，要避免带来沮丧和唠叨。

☐ 对你的孩子太过敏感是很不好的。要求的标准太低将无法发挥孩子的潜力，但期望订得太高更会让孩子产生一种对失败的恐惧感。有一个方法可用来引导孩子形成坚韧性格，就是给小孩朗读增加坚韧性情的书籍，年纪较大的孩子将会很乐意阅读著名的伟人传记。

学龄儿童期的孩子

☐ 在上小学的年龄，孩子们的机动性将会达到更有互惠性质的阶段。在这个时期当中，可以增加你对他们的支持和对他们的期望。将一些座右铭介绍给他们，例如"如果在开始时你没有成功，努力，再努力。"著名的《伊索寓言》中的"龟兔赛跑"就有"慢和稳能赢得比赛"的教训。

　　□ 多称赞并奖赏其杰出的表现。与孩子一同回忆他以前做某件事情不但能贯彻始终，并且还获得令人满意的成果的事情。当你的孩子在该完成的事上失败时，要清楚的表达出你的失望和你完全的支持与爱心。再者，当你的孩子已经有了严重的挫折感，或是准备放弃时，为表示你的支持，最好的方法就是适时的提供帮助。一种言行一致的例子，就是务必要对孩子兑现你曾许下的诺言，这是很重要的。

青春期的孩子

109

　　□ 在青春期的年龄里，孩子们对于完成工作的动力，将愈来愈成熟，也愈能欣赏生活中有关遵守秩序的要求。这时要教导他们做事要有始有终，就从他们做基本的家务上，做家庭作业，管理自己的物品和实践诺言开始。当孩子们在这些事上失败时，不要为他们掩饰，要让他们承担后果，但也不要忘了付出你的理解、关爱和支持。

　　当然，在训练有始有终的纪律上也会出现另外的一面。迟早我们都必须宣告放弃某些事，因为我们会发现那已超过自己的能力，等于是过度要求，或者根本没有兴趣。然而孩子们应该如何

学会放弃而不致成为一个退缩的人呢？以下有一些原则可以用来回答这个问题。

· 是否有一个可以自然放弃的时间呢？你的孩子是否能坚持到那个时刻呢？当困难已经太大，而且掩蔽了最终的目标时，或许可以在适当的时机放弃，因为这比在遭受极大压力时才放弃会来得更好。

· 是谁离开这个活动的？如果是别的孩子，那就可以容许你的孩子接受放弃，但如果是他自己开始的，就不要轻易答应！

· 你的孩子是否随随便便就许下诺言呢？要帮助你的孩子明白，在做了一个这样的决定时，是要包含贯彻始终的决心，因为当困难或疲劳出现时，才不会轻易宣告放弃。

110

· 当你的孩子想要放弃时，你可以问一些不带批评性的问题。仔细倾听他们的讲话，找出那些打击他们的消极因素。

· 问问你自己"如果一个成年人也面对这样的问题，是否亦要宣告放弃？"

· 如果一个孩子在某种情况下不被允许可以放弃，将会发生何事？当孩子们很单纯地做了一个错误的选择，正如大人所做的一样时，他们是可以被允许退出的。要知道我们不允许孩子这样做的时候，他们会用许多其他的方式来逃避此压力的，例如"忘记"。此时最好能够帮助孩子为他们自己的行为负责任，然后做一个清楚而诚实的宣告："我不喜欢这件事。"或是"我要退出。"

　　如此你的孩子将学会做事情有始有终。有一些特质对他们的成功是相当重要的，正如对大人一样。因此不要轻易放弃训练孩子学习这点。

111

认识公权力

关心儿女的父母都知道，孩子们对于公权力的态度，和他们迈向成功的历程有着实质上的冲击。要在当中建立一个平衡的观点不容易，但是以下有些建议对你将会有所帮助。

一些具体可行的建议

学龄前的孩子

□ 在八岁或九岁的年龄之前的孩子无法了解一些抽象观念。他对于公权力的认知是从父母、老师、家庭中、游戏场和教室里的许多规则所建立起来的。

□ 借着强调公平性建立一个观点。你所给予孩子的奖赏和惩罚要尽量力求公平。公平的管理规律在爱心之外仍能建立孩子的自尊心。并且能引出一种正面积极的回应。任意的管教，完全以权威来折服孩子只会毁了孩子，并引起愤怒的反应。

□ 制定家规。在制定并推行家规时，要明白地告诉他们这当中含有两层意义：保护他们免于制造更大的错误和伤害；使全家的生活更和谐有乐趣。你可以在每天的生活经历中找到好机会训练孩子。例如当他们与邻居的孩子有争论时，这是一个极佳的机会来讨论有关规矩的问题，谁有"权力"来制定或改变规矩；当有人违反规矩时，会受到什么样的惩罚。当你收到一张交通违规通知单时，如果你的孩子在场，利用机会向他解释为什么交通规则对安全是必要的，包括你在内任何违反交通规则者都要受罚。将你谈话的重点放在保护及赞扬这些规则和权威之上。

113

□ 检讨你自己对权威者的态度。你与孩子的老师、校长，警察和政府官员说话时，是否带着尊敬地态度？孩子们会很自然地评估他们的父母面对权威者的态度。

青春期前的孩子

□ 在小学快毕业的年龄里，帮助你的孩子区别许多权威的来源和依据。

1. 宪法上的权威是由那些生活在民主体制下的人一致认定衍生而来的，包括政府、公共教育、军队、警察和消防队，以及其他政府官员、代表等。他们之所以有公权力是因为有这样的权力赋予他们。

2. 委派式的公权力是更高一层权威者所赋予的。警察能够逮捕犯人乃是因较高的法律和权威者所给予的权力。一个停止的标识并没有什么实质的权威，但我们服从它，只因为它代表着一个高过我们的权威。

□ 作为父母，我们对孩子的权威乃是自然所赋予我们的。花些时间告诉孩子有关父母亲的职责，可以帮助他们更多了解父母亲训练他们的苦心。

114

□ 一些经验、特质和关系等，也是其他权威的共同根源。一个人的劝告常是有价值的，因为他是从经验中说出这样的话。一个人正直廉洁和能力的特质也能代表他的权威。同辈朋友之间的压力也会影响年轻人的衣着、言谈和许多态度及行为的模式。

青春期的孩子

愈早给孩子建立正确的公权力观念，就愈能减轻为人父母者的许多重担。

□ 在这段时日中，你的方法就是以身作则，同他沟通与忍耐；因为孩子会在他们的错误中学习到最好的生活资料。

□ 启发孩子评估权威的来源。当你年轻的孩子强调他的意见和看法是正确时，一句老练的话："谁说的？"将激起他们评估权威声音的能力来源。多让你的孩子熟悉有关书籍中关于权威的知识，这对他们一生将会有重大的影响。

□ 孩子在寻求独立的过程中将会产生反抗。孩子叛逆时该怎么办？如果我们使用权威作为个人的防卫工具，以压制我们的孩子时，很可能是我们错了。权力的获得应在于肯定孩子个人的人格，教导他们做决定。基于这个理由，抗逆事实上也是一种健康的行为，因为它是反抗别人滥用权威，而不只是毫无选择的顺服。

□ 其他的叛逆为的是反抗社会的价值观，并为自己找合理的借口。当你与孩子们一起看一篇有关暴力行为的消息报道时，可以一起讨论公权力的重要意义。你们可以借此讨论为何孩子们会有反叛的心态。

115

要给孩子一个对公权力成熟和平衡的观念并不是一件容易的事，然而它的确是相当重要的一件事。为了让你的孩子迈向成功，它应该是值得你去努力的。

40法
建立孩子正确价值观

116

养成简朴习惯

消费主义一直是我们社会中神圣的柱石。的确，没有消费者就没有经济的功能！但是当我们想要消耗掉所拥有的钱财，并让这欲望夺去我们的心态时，这种欲望充其量只不过是空洞的，同时摧毁"简朴"的特质。对信仰有单纯的信心，使得我们能在日常生活中免于过度爱慕物质。

身为父母的我们，应深切关心的是如何让孩子树立正确的价值观。这些重要的美德你应教导孩子认知。不容否认，既然你必须经常为你所教导的以身作则，学习简朴也不例外。

简朴生活从内在开始

在此有一些建立简朴生活的建议：

☐ 知足是简朴生活的基础。知足即是满足的态度，它将会支持你不断的努力。

年轻的孩子经常就是最好的老师，他们本能地对一些简单的欢乐会比塑胶玩具来得更易满足。学习一起享受一些你经常遇到不需要成本的简单欢乐：一个日出的景象，孩子们的笑声，一个好的故事，或是与一个老朋友谈话等。

☐ 简朴能充实生活。与你的孩子一起来讨论有关简朴如何能导向自由无碍，又如何能让生命更充实而不是更复杂，以及它如何能帮助人们去看重物质以外的事物。谈一谈有关美的事物，学习去享受已经存在于我们周围的一些乐趣、友谊和单纯的欢乐等。

117

☐ 在家中鼓励家人用坦白和诚实的谈话来学习简朴。如果你答应孩子要去参观他们的足球赛或是小提琴独奏会等，请务必实践你的诺言。如果不这么做，就是显出不诚实，这不是简朴，而是言不由衷。

☐ 尝试让自己生活得宽松一些。例如在你事先排定的约会中，提前几分钟到达。如果你有年纪很小的的孩子，也许你需要付出更多的辛劳，但是这样做可以从家庭生活中除去一些挫折感和焦

虑感。宁可对一件事有从容和完善的准备，也不要匆匆忙忙和紧张兮兮。

　　□ 在富启发性规律的思想中工作。鼓励你的孩子阅读一些有意义的书籍，以增加他们对自己和他们所生活世界的了解。对于一个年龄较大的孩子，可帮助他养成每天晚上读一段书的习惯。年龄较小的孩子可安排每天阅读十五分钟至半个小时。有时候，为你的孩子读些故事，并与他们一起讨论故事内容。

外在的简朴

　　对于你的孩子而言，追求外在的简朴也是同样的重要。请考虑这些方法。

　　□ 帮助你的孩子在自我控制和自我治理的状态中成长。金钱的管理即是一个很实际的领域。一旦决定要捐献多少，要储蓄多少（也许是 10%），便可以一起决定剩余的钱应如何使用。唯一要注意的就是仍要着眼于简朴的原则。（若要对零用钱的问题有一个更完整的计划，可参考第一章）。

　　□ 在家庭里可以一齐讨论消费的预算，并设立一个最高限额。要知道我们的文化正教导大人和小孩们去追求一切我们所看见的东西，学习去购买需要的，而不只是你想要的，这个教育很难，但却能给予你自由。

□ 帮助你的孩子关心贫穷和有需要的人。在你的邻居或社区中找出一些你的家庭能奉献时间和有能力为给对方提供帮助的情况。帮助认养孤儿，与那些需要的人一起做朋友。

□ 将你的眼光放于家庭的和睦相处，而不是商场的交际应酬。在生活中的确有许多不同而且有趣的事物，它们也会使你与家人更亲密。把彼此倾谈看作是家中的大事，要乐于倾听家人叙述他们的故事。通常为人父母者必须善于说故事，并常借着故事的内容使书中主角成为孩子的模范。

生活简朴而毫无拘束是不容易的，而维持平衡更是难。然而简朴在生活中所得到的却是一种无与伦比的愉悦。正如法兰西·歇尔（Frances de Sales）的建议："在凡事上喜爱简朴。"

119

第三部　价值衡量篇

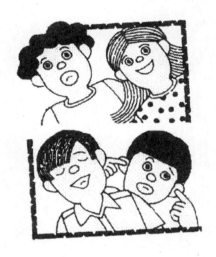

　　父母的责任不在于使孩子幸福，而在于建立他的人格。

　　　　　——汉姆·吉诺特博士（Dr. Haim Ginott）

实话最易说

诚实是一种非常重要的价值观，也是真诚廉洁的要素和个人成熟度的一种表示。它像树上的果实是逐渐形成的。为人父母者的工作就是要引导孩子们有强烈的良知，实践真理的决心和为他人着想的能力。

教导诚实的标准

教导诚实的标准应包含三项内容：（1）实际的标准；（2）关联性的标准；（3）个人的标准。

· **实际的标准**　这项标准是在你孩子的心中不断地建立诚实的观念和不诚实会带来的后果之过程。常常给你的孩子讲述诚实做人的故事。

· **关联性的标准**　经过证实一个孩子的精神和性心理的认知，大约在两岁时就开始形成。除了听你所说的话之外，他将会开始模仿你所做的事。这种效仿的欲望即开始了关联性标准。结果你必须很小心地注意你自己诚实的标准。甚至一个年幼的孩子对于你是否正直，他亦能一目了然超过你所以为的。你应对孩子说什么呢？例如你在商场上的伦理和所得税的申报方法？你是否偶尔说些小谎话来欺哄某些人或是连一点小谎言你都避而不说？（例如叫孩子在电话中告诉对方你不在家）

让孩子看到你诚实地承认你自己的错误是相当重要的。例如驾车超速到危险的状况；当你曾说可以准时回家却无法做到时；或是无法实践诺言等。你在实际生活中为孩子树立的诚实榜样，将会帮助孩子免除有关诚实问题的困扰。有一对父母说，他们上幼儿园的孩子当其旁边有人一起祷告时，他们是绝不可能向上帝承认自己的错的，但当他们的父母公开的承认自己的缺点时，孩子即能很容易的如此祷告。

· **个人的标准**　第三个训练的标准就是帮助孩子在每天的功课中，将诚实的原则运用于生活之中。将一张十元钱的纸币拿给你学龄前或是刚上小学的孩子看，并且询问他们如果在地上捡到十元钱，他们将会怎么做？要强调做一个诚实的人将可让人感觉更好，更能帮助别人，也能讨父母的喜欢。通过角色的扮演和其他情况的配合，你将可能帮助孩子选择成为一个诚实的人。

学龄前的孩子

□ 请你记住，根据研究报告显示，一个孩子在年幼的阶段并没有正确或错误的观念，只有来自害怕的影响。孩子能接受父母所说的，是因为他想要讨好父母。因此伦理的因素对于年幼孩子的行为，是不会有太大影响的。

学龄儿童期的孩子

□ 上小学孩子的良知已经开始成熟，他的行为也能受内在道德标准的约束。在这段年龄里，已经可以借着告诉他们实际生活中的故事来培养其诚实性。例如可问他当他看到一个朋友在文具店中，趁人不注意时偷偷将一个削铅笔器放入袋中时，该怎么办？接着可以问"为什么？"和"会有什么结果？"在这个年龄段中，孩子们所有行为的动机只为讨父母的欢心，因为这也能使他们自己感到快乐，因此他们都相当乐意做出正确且诚实的事。

青春期的孩子

□ 初中和高中阶段的孩子将有一个比较成熟的良知，并能更

125

多的思考到有关抽象观念的价值。你可以借着与他们一起讨论报纸中许多有关诚实事件的报道，来激发他们诚实的意识，所讨论的事无论是个人的或团体的，请先帮助你的孩子去辨别这些行为的真正动机。

□ 继续在实际生活中配合孩子的年龄，做角色的扮演。例如他们如果有机会在考试中作弊，或是使用别人的证件，或对父母谎报自己的行踪时，帮助孩子思考一下不诚实的后果，特别是因不诚实所造成的损失或伤害。要注意因说了一次谎，为的是要掩盖前次所说的，就会再有第二次的说谎，要引导你的孩子知道如没有诚实，他将无法在健全的环境中与他人相处，无论是在学校、家庭、婚姻、社团或是政府机构中。

如果你的孩子已经对诚实有清楚的认识，那么对于是非的分辨他将不会陷于只为讨人喜欢，或是看场合说一些权宜的话。他们的良知将会分辨各种不诚实事物的形态，进而帮助他们很果断地避开它。

□ 在整个发展的过程中，也必须要注意到孩子的行为及其他人对他们的影响。要学会肯定并称赞你的孩子，不论是私下或是在他们同学朋友面前。要培养孩子诚实的品质，如此当他们面对生活中的实际情况而必须有所选择时，他们就会用诚实的标准去辨别。

挣脱电视的束缚

127

你 应该知道有这么一个统计数字，孩子在高中毕业之前，平均大约花 15 000 个小时看电视。这是除了睡眠之外，花费最多时间的项目。在这 15 000 个小时中，他将会暴露在 350 000 个商业广告之前，并且"观赏"了 18 000 个谋杀案。

看电视的积极或消极影响

在我们的社会中，电视可说是最有渗透力的工具。没有任何一件东西会比你或你的孩子将时间花费在显像管之前更耗眼力。

根据个人观赏电视的习惯和花费时间的多寡，电视将会对你的孩子产生非常正面积极或是非常负面消极的影响。

消极的一面，看太多的电视，或是父母让儿女随便看而不加以引导，这是绝对有害无益的。

1. 它会影响一个孩子想要购买一些对他们没有帮助，或一些并非真正需要的东西。

2. 它会让孩子变得逃避现实。

3. 它会取代孩子们交朋友和活动的机会，它更压抑了孩子的创造力和个人的成长。

4. 它也会让一些孩子变得具有攻击性或叛逆性。

5. 它会让一个孩子对这个世界有着不切实际的想法。

然而，当我们妥善的运用它，电视仍会是有益的工具。

1. 它会让全家人聚在一起。

2. 它会刺激家庭成员彼此间的交流。

3. 它能让孩子心情放松，不会过度紧张。

4. 它提供了一个有益身心的娱乐。

5. 它提供孩子一些新的信息、观念和视野。

6. 它能扩展孩子对世界的认识。

基本原则

这里有三个很重要的问题： （1）电视到底有多少益处？
（2）有哪些类型的节目是必须要避免的？（3）你应如何知道孩子
选择哪类节目才是他们可以观赏的？在这当中有许多不同的意见，
但仍有些原则是被广泛认同的。

· 不论允许孩子在一天或一星期中能看多少时间的电视（有
人说一天只限一小时，另有人说不得超过四小时），对任何孩子而
言，一次看电视时间若超过两小时，对健康都是有害的。看电视
只是一种被动的行为，而生命应该是比这种观看的生活更为丰富
才是。

129

· 有计划地安排看电视的时间是相当重要的。你家中看电视
的时间是否侵占了进餐的时间，或是取代了晚餐交谈的时间？它
是否取代了应该上床休息的时间？它是否排挤了傍晚家人一起散
步、游戏或是一起阅读的时间？

□ 对你家中看电视的时间做一分析和比较。把一个星期中每
天的任一个小时填上你所观看电视节目的名称，你也许会很惊讶
家人看电视的时间为什么那么多，这也会告诉你，你们是花了多
少时间观赏了哪类节目。

□ 可以在家中做个小小实验。全家人通过将电视机暂时置于

储藏室中一个星期（甚至一个月），然后在每天晚上安排一些家庭活动，找些书来一起阅读，发明一些新的游戏，散步或者拜访四周的邻居，整理花园，油漆房间，做些会让家庭更充实而有趣的事。在刚开始的前几天你们也许会觉得不能适应，但是不久之后，你将会惊奇怎么会有这么多时间可以利用。在结束这个实验之前，你将能够作一个更具体且不带情绪化的评估，就是你的家庭到底应该花多少时间来看电视。

□ 一起观赏并作讨论。一个孩子产生心智上的焦虑，大都是因观看电视的商业广告、暴力节目和对生活所作不切实际描述等所产生的结果。为了弥补这些缺失，并为改变孩子们思想发展的方式，你必须与他们一起观赏并讨论那些不合情理且矛盾的节目。当节目结束以后，也可与他们谈论一些你所看过的记忆犹新的情节：

1. 将广告背后实质的意义和价值表明出来。

2. 指出这些暴力行为，并说明这些暴力行为在真实生活中所产生的严重影响。

3. 挑出电视中所列出有关妇女、家庭和各种团体等形象标准的陈腔滥调。

4. 从电视新闻的报道中找出对政治和社会的偏见，探讨为何它在每天能报道数百条新闻的消息下，却只有被选择过的少数可以发表；或是在什么是"重要的"和什么是"不重要"之间作正确的区分。思考有关新闻播音员所选用的言辞，是否他可能被情绪所左右。

□ 在每个星期的开始，与孩子一起坐下来，给他们一些节目的指导，并共同决定哪些节目值得观赏，一起设定观赏电视的界限，可用以下这些问题作为观赏电视的指导方针。

1. 这个节目是否具有趣味性或娱乐性？

2. 孩子是否能明白节目的内容？

3. 它是否显示出是非分明？是否教导一些有意义的价值观？

4. 它是否具有恐怖性？

5. 在现实与虚无之间，它是否有一个明显的区别？

□ 对年幼的孩子，要帮助他们剔除一些以犯罪为主题的节目。以使他们离开那些莫名的恐惧压力，或者要排除那些现实和幻想之间主题不明显的节目。

131

□ 成人节目绝不适合。晚间十二点以后有所谓的成人节目，那对孩子而言是绝对不适合的。

□ 为人父母者若自己都沉溺电视中，将无法要求孩子们控制观看电视的时间。当你希望孩子在这件事上怎么做时，记住你必须在这件事上先做好榜样。

你的孩子在观看电视节目这件事上将能够变得有识别力，那么电视在你家中已不再是什么怪物了。

性教育愈早开始愈好

在我们的文化中，人类的性事是最早开发，但也是使我们文化破产的一大因素。在拥挤的心理咨询中心，色情杂志，甚至浴室的一些涂鸦都能肯定这个论点。请帮助你的孩子及早获得一个符合正面教导有关性方面的论点，当然，这的确是一件不太容易的工作。

父母是最佳性教育者

事实上在教导孩子有关性方面的知识时，为人父母者是再适

合不过的教育者了。孩子们从年幼时，在很自然的状态下就会有一些这方面的问题（例如看到他的弟妹在洗澡），而且这也是存在他们心中最感兴趣的问题。父母若能在此时提供一些有关这方面的温馨及关爱，正面而积极的教导，即能培养孩子在性方面有健全的态度。

同时，在孩子成长的过程中，性教育也是相当迫切而重要的课题，千万不要将它留给老师或同辈朋友来教导。然而在几年前根据一项对年轻人的调查，十四个孩子当中只有一个是从父母那里接受这方面教导的，大部分都是从朋友处学习来的，而这么做的结果将会传布一些错误的信息和不健康的态度。

133

基本原则

在一开始我们必须知道一个人对于性的态度，常是与他感情的成熟度和自我价值观有着相当密切的关系的。因此认识一些方面的基本发展原则是非常重要的，因为它能让孩子们预备和学习的心态更吻合。

·年轻的孩子们对于性刺激的反应，一般而言将会从生活和爱的经历中产生 借着在家庭中塑造一种充满情感的气氛，无碍地向别人表达你的爱，当中没有惧怕。这是培养有关性方面健全态度的必要因素。

·孩子对他自己身体的态度，将会影响孩子对于性的观念

因为你的说明、注意，回答孩子的问题和自我的探究，对孩子的
情感发展将会有很好的帮助，正如你对有关你自己的身体发展所
观察的一样。这些观点在孩子小的时候都是极重要的课题。

·孩子和父母之间亲密的感情，将会实质性影响到他和异性
的相处，以及未来在性方面的适应力　你和你的配偶公开而欢乐
的相处，对孩子而言也是一种最基本的榜样。

·在家庭中采用民主的方式来教导性教育是很重要的　一种
相互的尊重、谅解和家庭的民主化，将会有助于培养孩子积极的
性价值观。

134

一些具体可行的建议

有以下一些实际可行的方法，可帮助你的孩子建立健康而正
确的观念。

学龄前的孩子

□ 对于学龄前儿童的第一个问题，可以给他一个关于生产过
程真而正确的解说。解说时对身体的各部分构造和过程的名称
要很明确，不可含糊。相信从图书馆中可以找到一些书，来教导
你如何和各个年龄层的孩子做这方面的交谈。回答特殊的问题要

用特殊的事实。在这里基本的指导原则是给予正确的回答，但也不必尝试去作深入或广泛的回答，因为那将超过在那年龄层的孩子所想知道的范围，就让一切保持单纯化即可。

青春期前的孩子

□ 纠正错误的观念。青春期前的孩子，因和宠物、同辈朋友的接触，也将会引发很多的问题。你需要纠正他们那些错误的观念，并温和地告诉他们健康的态度。同时，孩子们也要为即将发生在他们身体上和情绪上的改变作准备。要解释让他们明白，在性方面作过当的刺激是不当的。在你给他们讲述事实的真相之前，好好的聆听他们有关性方面的观念和态度。如此你就能针对他们，从其他人或是他们所想象的一些误解中，做最有效的澄清及灌输正确的知识。

135

青春期的孩子

□ 对于青春期的孩子而言，可以告诉他们男性和女性对于性刺激有什么不同。女孩子必须知道男孩子较容易接受视觉上的刺激，并且也比女孩子较快有反应；男孩子也要知道女孩子的性刺激经常是伴随着罗曼蒂克式的爱情，而且男孩子的求爱方式也很容易被对方解释为是永恒爱情的确证。

□ 如果在讨论性问题的事实上让你感到不自在，那么也要对

40法

建立孩子正确价值观

孩子诚实地说出。要清楚地告诉他们探讨这个题目是合理的，但因你过去缺乏这方面的训练，所以让你感觉不自在。学习和熟背性器官的名称和功能，将会对你有所帮助。

　　□ 努力与你的孩子保持开放而且没有压力的沟通。对你的目的应有主动而明显的表达，避免毫无生趣的演讲。若你的孩子能意识到你了解他的窘境，那将是非常珍贵的。

　　□ 如果你的孩子在性方面的控制失败了，应教导他们认错并请求宽恕，也让他们知道你仍会原谅他们。青春期的孩子常会面临很大的性刺激和同辈朋友的压力，要抵挡这些不正当性行为最好的方法，就是建立孩子高度的自我价值感和自我肯定的意念。

　　很显然的，因一些因素的改变，很容易就会影响你年轻的孩子在处理有关性方面的方式上有所不同，然而这些都将因为你殷勤的劝告、教导、身体力行和平和的亲情，带给你的孩子所需要有关性方面健康而成熟的观念，即使再遇到一些偏颇的性观念，也不会轻易地影响到他们。

136

让孩子了解他们的权利

137

公民的权利、少数民族的权利、妇女的权利、学生的权利，若是这些权利没有侵犯某些人或某些事，你似乎是很难剥夺它们。现在让我们来看看孩子们有哪些权利？

如果你踌躇着是否要继续读下去，那是可以理解的。但是有关权利的事情，许多人将之看作是一种重要的价值观念，我们不但自己拥有，相信也想将它传递给我们的孩子。如果你不这么认为，是否可以回想上次有人尝试要限制你某些方面的自由时，你的反应是如何？

孩子应有的权利

然而当这些权利临到孩子身上时，父母的权威似乎是变的暗淡无光了，大多时候我们否定孩子的权利，几乎是因为亲子之间无法划清子女的权利和父母的责任这条线。

因此，许多消极的反应和愤怒、反抗和叛逆等的态度都会出现在孩子身上，只因为他们认为他们的权利被剥夺了。看看这些来自孩子的共同抗议声："我有权利这么做……"，"为什么我不能决定……"

在一个家中要界定出孩子的权利，的确是件困难的事，但是如果能与孩子一起来商量有关他们权利的事，那将会获益很多。以下就有一些值得考虑的"权利"。

□ 维护一个"孩子"的权利。他不是一个小大人。孩童时期不是等待长大成人过程中"毫无用处的时日"。事实上，我们也希望在我们身上有一些孩童时期璀璨的一面，可以伴随我们一生之久。但许多时候为人父母的我们所关心的，只是如何让我们的孩子来适应"大人的生活"和这"真实世界"里的一切，而忽略了他们允许有权利来享受童年时期的欢乐时光。维护孩子的权利正是他现在这个样子，基本上他应该是全部拥有的。每个孩子都需要成长的自由，他们是唯一的、独特的、永不重复的奇迹，这就是他们。

□ 游戏的权利。游戏的重要性是超过我们所能理解的，那是孩子的工作。匍匐前行、玩积木、玩黏土、拼装汽车模型、玩滑板、游泳等，就是他们的工作。让孩子能专精于这些游戏也是相当重要的。因为如此，他们就能善于整理床铺、清理房间、使用吸尘器吸地毯或倒垃圾等。可惜的是，父母通常是把游戏当作工作完成之后才可享受的特权。

□ 让孩子有发言的权利。在参与家庭的事物上有哪些说话的权利呢？根据了解，孩子会极想参与和他们权益有关之事物的决定过程，这对十岁或更年长的孩子特别显得重要。事实上，在孩子培养一个健全自我概念的过程中，让他们有发言的权利是极为必要的，而且让孩子们参与决定，也会使他们产生一种极大的意愿，来分担从其决定所应承担的责任。

□ 隐私的权利。很不幸地，很多父母相信他们有权利拆阅孩子的信件，读他们的私人日记，未经允许即取用属于孩子的东西，没有事先敲门就进入孩子的房间。如果有人在这些事上没有尊重我们的隐私权，我们会立刻感到不愉快，难道我们的孩子就不希望得到相同的待遇吗？

□ 在处罚之前，有"公平申诉"的权利。每个孩子在接受惩罚之前，要有机会为他们的无辜辩护。因为当中会有一些我们不清楚的状况，使得我们对孩子错误的行为做出不同的反应。

40法

建立孩子正确价值观

以下就有一些你必须为孩子设想到的权利：

公平待遇、被爱、被赞赏、有时候可以允许他说"不"，可以与你持不同意见，某些错误可以被原谅，能说出他们内心所想的，有时候可以改变一些想法，成为他们自己而不是父母的延伸。简而言之，就是我们必须考虑孩子许多基本的权利，正如我们为自己设想的一样。

如果你是那种倾向于认为孩子们年纪还太小或是不应该得到这些权利的父母，请再三思！你的孩子若能从你身上学习到权利的原则，会比从其他地方学到来得更好。同时，也没有比家庭更好的地方可以学习伴随着权利的责任，并知道权利和特权的不同。在今天我们常会听到有人宣称"权利"只不过是一张"执照"，可以去做些不礼貌、不负责任或是不道德的事（例如以这种"权利"在公共场所抽烟等）古语所说的："你的权利开始的地方，就是我的权利结束的地方。"这是一个值得在家庭中学习的原则。

有些人从社会中求得特权或支持，其实那并不是权利，那不过是礼物罢了。孩子们必须要知道其他人并非在履行一种生活的义务，公民的权利是伴随义务而来的。

为什么不召开一次"家庭会议"呢？并且在充分的讨论之后，拟出一份家庭中有关权利与责任的清单，一份清楚的权利和权威的神圣界限，这样可在你的家庭中培养出新鲜，而且美好的配搭气氛。

140

良好的家庭传统

141

传 统是由许多我们最有价值的回忆所编织而成的。根据社会学家所言，在我们的生活中传统深具意义，因为它能创造并加强在家庭里的安全感。事实上，有一些研究报告就已显示有强烈家族色彩的家庭，都有很多优良的传统，而且礼仪也成为家庭成员彼此关怀的符号。

良好的家庭传统之功效

实际上，传统习惯也会在许多方式上强化家庭功能。首先，

□ 不要有太大的压力或是太僵化。要强化一个传统将会显得
毫无乐趣。如果一个构想无法实行，那么下一次就用不同的方式
去尝试。

□ 将这样的时间视为"教导时刻"。促使我们注意这个传统节
日的意义。有什么时刻会比在圣诞夜，更适合将爱告诉你的孩子
呢？或是如何在你的结婚纪念日，与孩子一起谈论有关罗曼史和
婚姻的事。

□ 如果你的家庭准备要增加一些新的传统和构想，最好是从
各种资源中多方取材。与祖父母和年长的亲戚谈论，特别是如果
他们来自"古老的城镇"。问问其他的家庭所重视的传统是什么？
为什么？在你所阅读的小说中，或所看的电影中去找寻灵感。你
甚至能够在图书馆的书籍中找出其他国家的风俗习惯。

请考虑以下这些建议。

□ 在家人生日的那天。清早起来何不全家人一起聚集在寿星
的床前，为他唱一首生日快乐歌来唤醒他？然后以气球，彩色纸
和卡片等布置好，让他好好享受一顿早餐（或晚餐）。

□ 在结婚周年纪念日。将每一年所拍的纪念照片陈列出来，
当作家庭成员的记录。

□ 圣诞节来临时，尽可能让整个节日充满着温馨而传统的气
氛。有一个构想就是在过去的十二个月中，选出最值得你回忆而
深具意义的家庭事件。然后制作或购买一棵圣诞树饰品来表达这

个事件。例如用一只玩具猫代表新的宠物，或是用一架小飞机代表今年的假期。记得要在每件东西上画上或刻上年份。从现在起的每一年，圣诞树就会成为你家中的一本"历史书"了。

□ 在除夕那天，一些家庭在开始吃年夜饭之前就会述说除夕的传统意义。在此时分享每个人觉得最值得回忆的事。

□ 传统并不是每年才有的事件，它也可以是每周的好习惯。例如在星期日可以让妈妈休息，而有孩子们帮着爸爸准备早餐。在就寝前的时刻和进餐时间，也都是可让每个家庭培养出良好的每日传统。

这些构想将是一个开始，可以帮助你思考一些真正适合你们家的传统。经过一个短暂的思考和预备，家庭的传统将会变成家庭的宝贝。而这当中，因你的努力而得到最好的报偿——强化家庭的向心力，即使经过多年的变动或有任何因素的变迁，都将会延续下去。

145

40法

建立孩子正确价值观

认识物品的价值

146

当在孩子房间的地板上看到满地散落的玩具，或是将一件昂贵的新毛衣与一堆脏袜子和内衣放在同一个橱柜时，为人父母者当会如何处置呢？你或许会立刻想到必须教训他们，尽管你已经说过几十次了。

忠心的管家

前辈的教导和这个地球上有限的自然资源都告诉我们，决不能浪费或滥用我们所拥有的物质。而这些事情的重心就是我们要学习如何做一个忠心的管家。因此首先让我们找出一些重要的原则，然后以这些方法逐渐灌输给我们的孩子。

• 我们必须记得在我们这个物质至上的社会里要教导孩子物质的真正价值，是十分困难的。对我们当中多数的孩子来说，金钱是"来得快，去得也快"，这正是一针见血的描述。

• 社会已经应许供应我们所有的"需要"，但并不是所有我们"想要"的东西。不幸的是，消费性的广告极其诡诈，它正在激起我们内在"感觉需要"的念头——不是必须要的需求已被改变为是必须要的。这种消费的态度再加上孩子仍不够成熟，和同辈朋友强大的压力，要帮助孩子们了解并做一个忠心的管家实在很困难。

• 既然价值观的获得，领悟比教导来得好，那么用榜样来教孩子如何使用和管理物品是十分重要的。可问问你自己，孩子能够从你的消费习惯和管理财务的事上学到哪些知识？

147

• 大多数的东西都有一个固定的使用寿命。良好的管理应包含好好保养它们，使它们发挥用途，并使其使用年限达到极致。糟蹋或毁坏物品，常让物品缩短使用年限，这就是缺乏忠心管家的意识。今天大多数的产品（包括玩具在内）都做得如此不耐用，为的是要被更快的毁坏或弃置。不必让孩子因此感觉是罪恶或有很深的挫折感，因为一个玩具的损坏实在是因为它的引擎太差劲了，而不是因为孩子的使用不当。为人父母的我们应妥为判断所买的玩具是否耐用，和我们所购物品的品质是否良好。

· 人应当比物品更重要。保护孩子们的情感、自尊和人格也远比保护他们的或你所拥有的东西来得更重要。当孩子弄坏或是遗失玩具时，我们常是很习惯的责备他们，因为我们已忘了孩子真正失去的是什么。一个较好的方式应该是处理这个失误的意念，而不要将注意力太多放在你自己的挫败感上。在这个关键点保持平衡是困难的，但却是必要的。

一些具体可行的建议

148

为了帮助你的孩子培养对物品价值的认识，并建立良好管理的习惯，可以尝试以下这些构想。

□ 对于孩子所关心东西的数目必须作出一个限制。当他拥有太多的玩具时，要想让他们将每件都看得有价值是不可能的。可以尝试调换玩具，轮流将一些玩具暂时收藏起来，过一段时间再拿出来。如此，他们会有一种"新鲜"的感觉。

□ 帮助你的孩子从事一些工作，以获取他想要的东西。当你的孩子了解到为了要得到这件东西，就必须为它付出代价时，他就会更珍惜这件东西。

□ 与你的孩子一起讨论有关地球上的自然资源和塑料、金属、木材和纸张的来源。探讨那些无法再生资源的意义。

□ 暂停使用的处置。如果你孩子的年龄已足够大，而能了解如何处理并注意这些财物，经过提醒之后，仍然滥用或不重视这些东西，那么就应有一段时间暂停使用这些东西。必须让他们知道，要享用这些东西是一种特权，而不是一种权利。

□ 如果某些物品是因为孩子的滥用或疏忽而导致损坏或糟蹋，那么就应该让孩子以他所赚来的零用钱，来支付修理或是更换的费用。

□ 如果你经常看到孩子的玩具、衣服或其他东西到处乱丢，那么可以设立一个"星期六之盒"。任何放置在外到处乱丢的东西都将收进这个盒子里，直到星期六才能取出来。这看起来似乎是无情而残忍的，但经过一至两星期的执行，你会很惊奇地发现孩子的习惯已被改变了。

□ 在你的家庭中，可以借如何使用他人所有物的指导原则，来教导孩子尊重别人的物品。这些规则应包含使用前应征得别人允许，或是当损坏借用的物品时，要负责更换或修理、赔偿等。

□ 通过一些书籍、影片、专题报道或家庭户外活动，让你的家人能接触到那些比你更贫穷的人。考虑一下你的家人应如何将你所拥有的与那些较不幸的人分享。

□ 与你的家人一起审视广告，以找出那些隐藏的假象、价值或是操纵。并讨论有哪些东西是在显示我们的身份地位、魅力、智慧、名望、方便或舒适的需要性上，是否太过与奢侈？

40法

建立孩子正确价值观

□ 如果你发现家里实在是塞满了太多的东西，那就该清理了。丢弃一些东西，或是放入车库准备卖掉，或是以一种有意义的方式来处理这些东西。并鼓励家里的每个人都要参与清理行动。

综合以上所述，应当让你手边所拥有的这些财物保持一种开放的状态。它们将能提供（但绝不是创造）一个真正丰富而实在的生活。

探索根源

151

一位极杰出的制作人制作了两个现场的电视节目，反响极大，刺激了人们去思考有关他们的根源。在社会中也有许多人并不觉得这种节目有太大的需要，这些人无论就理性或社会性来说都是无根的一群。由于多年的传统不尊重老年人，并忽视破碎家庭的存在，最后导致心灵真空的状态，那是亟待由爱来填满的。

不可否认的，传统的意识对我们是极其重要的，特别是对孩子们。强烈的自我认同（认识你是谁）对于身体的健康和价值感是必要的。而且我们许多的认同感也来自于我们的家庭，无论是现在或过去的。我们的根源来自何处，确实是相当重要的。

探索你家庭的根源

探索出你家庭的根源将会是一种有益而吸引人的工作。每一个探讨都要从最近的亲属开始，并且要记下这些细节。你的努力是有价值的，即使你无法继续追溯你更早的祖先。

哈利（Alex Haley），《根》一书的作者，在 1977 年 9 月号双亲杂志的专栏中描述了这样的过程：

"这种特别的意义应该是从阁楼中所珍藏的文件，或者是我们所储存古老的照片、衣服和日记中记录其精华，并将这些宝贝与孩子们一起分享。讨论它旧有的习俗，你所做的事情，你所喜爱的娱乐，你所穿着的衣服。如果家中有祖父母或曾祖父母同住，可请他们为你的孩子讲述关于当他们还是孩子时的故事……孩子们仍相当渴望知道这类故事，类似这样的家庭休闲生活，能使他们产生认同感，并感觉自己是家庭中的一分子。"

一些具体可行的建议

□ 要开始寻找你家庭的根源时，可以先拿一本较大的活页笔记本。然后尽可能去访问并与许多的亲戚交谈。收集所有的旧照片、剪辑的报纸、你所发现的传家宝物，并将所有的事物记录下来。

152

□ 开始让你自己和每个家庭成员写下有关他们自己的事（对于较小的孩子可以由他们口述记下）。假想你正写一封信给一些未来的孙子或曾孙女，尝试在下列的项目中加入适当的细节。

早期的家庭生活 诉说有关你孩提时代的回忆、宠物、你最喜爱的玩具、地方和朋友。描述你的家和家庭的传统与礼仪。

家 列出从出生到现在你曾住过的地方，你所熟识的邻居。描述你家庭的房子、庭院和邻近区域，并对城镇做一个简短的描述。

学校 回想学校生活中你认为最好和最不好的记忆，包括任何一位也许是影响你最深的老师。有哪些是你最擅长或最差劲的功课？有哪些你曾参加过的课外活动？你获得哪些荣誉或奖赏？

婚姻与家庭 描述一下你如何遇到你的配偶，你的求爱经过及婚礼情形。说明配偶有哪些吸引你的特质。然后述说关于你的孩子们出生时周围环境的细节，从他们孩童时期到现在比较特殊的回忆，你与他们曾经历过的难处与喜乐。

职业 列出你曾接受过有关工作的训练和经历，包含你在军中服役的时间。记得要加上因你工作的表现所受的奖赏。告诉他们你如何选择你的职业，并检讨在什么原因之下曾有职业的改变。

个人的备忘录 说出你自己和你的生活状态，你的野心、感情、最害怕的事，你的梦想、失望和失败等。

朋友、社会生活和休闲时间 述说哪种友谊对你最有意义。

153

讨论假期、嗜好、最喜欢读的书和如何打发其他零碎时间。

生活哲学　解释一下你所研究得出有关生活价值和意义的结论。

健康　描述你的身体状况和主要的疾病，特别是任何可能会遗传的疾病。讨论一下你所吃的事物和你如何做运动。

公众的生活　列出你所属的行政区和其他的组织，你的办公室所在地，你曾经出现在报上的时间。

财务资源　列出一张具有代表性的每月预算表，你所领的薪金表，信用卡使用情形。

□ 当你的兴趣逐渐浓厚时，收集更多的照片，并尝试从相关的录音带中得到口述的历史往事。当你如此做时，要特别留意你所发现的传统和具有的特色，那将可增加你所希望孩子们拥有的价值观，让孩子认识他们的祖先是信仰上、勇气上或是努力工作的伟人，将可使孩子以履行这些传统为荣。

□ 全家福照片和相框应尽可能悬挂，以布置成一面"家庭历史墙"。要时常讲述，特别是对年幼的孩子们，有关相片中的人是谁以及他们重要的事迹。

□ 当你的笔记本逐渐加厚时，将它影印下来让孩子们能保存，或许有一天能用在他们自己的家中。要小心地保存这些东西，正如你希望你的祖父母和曾祖父母为你保存的东西一样。你的孙子也会为这些东西而感谢你，毕竟你也是他们的根源！

尊重隐私权

155

给予你的孩子隐私权的意识，就是必须放弃你想知道每件他所想或所做之事的权利。

训练孩子尊重隐私权

这也许会给你一些威胁，但是孩子的隐私权是相当重要的。它加强了自信心和自我价值感。因此，一个健全的孩子至少需要在以下四种层面上获得尊重和拥有隐私权。

个人的活动空间和所拥有的东西 有个人自己的房间、书桌和抽屉、衣橱或日记，并且应尊重他人类似的空间和其所有物。

身体的隔离　独处时仍能感觉舒适，不会有寂寞感。

精神上的独立　保持并享受一个人自由的思想和特殊的情感。

贞洁　私人身体的隐私权。

学龄前的孩子

□ 早期对于隐私权的教导是以"你的"和"我的"为开始。一个学龄前儿童的玩具和床，通常是他最早的私人拥有物。不幸的是，在学习分享的前提下，我们经常强迫孩子分享那些私有物品。在这个年龄中，让孩子拥有两种或三种不必拿出来与他们的朋友一起分享的玩具，将是一种很好的构想。他们需要有属于自己的东西。

学龄儿童期的孩子

□ 当一个孩子上了小学之后，对于隐私权的需要及要求别人对其隐私权的尊重都会相对增加。在某个阶段里，他应该学习保守秘密、尊重私有的财产、时间和其他家庭成员的活动空间（当兄弟们住在同一个房间时，这点特别重要）另一方面也要学习认识个人在身体上的隐私性。

□ 在这段时间里面，如果侵犯了别人的隐私权，也应当接受如同不诚实或偷窥一样的惩罚。当你的孩子九岁或十岁，并能够接受抽象理论的时候，就应向他们解释侵犯别人的隐私权，就如同盗取别人的东西一样。年纪较小时所强调的隐私大都是在个人所拥有的物品上，然而逐渐地他将以个人的思想、梦想或是和你，及其他朋友间的谈话来取代这些物品，他这种想要保护并享受个人隐私权的动机，将会逐渐地增加。

青春期的孩子

对于青春期的孩子，你热切地期望与他一起分享的心情，需要有一个平衡。为让你的孩子在思想、感情和活动保有相当的隐私权，这的确是不容易的，特别是在青春期的前几年，如果亲子关系并非很稳固的状况，问题可能很多。以下有一些重要的指导原则。

157

□ 和你的孩子成为好友。留心听他话语后面的含义。这样你和孩子将能建立亲密的亲子关系，远胜过用威逼利诱让你的孩子说出心中的话。

□ 你能够因表现你自己对隐私权的尊重，来显示你支持隐私权。进入孩子的房间之前要敲门，在你借用一本书或一些其他的财物之前，一定要先得到允许。决不可打开孩子的信、桌子及橱柜的抽屉，或阅读私人的日记。这些只是基本的礼貌，你可以将它延伸到其他的成年人身上，并可以期望别人如此对待你。以这种方式表达尊重，而不是鲁莽地硬闯进去，将可更成功地打开友谊之门。

□ 探讨隐私权被侵犯的背后。当你家中的隐私被侵犯时，好好地探讨这件事。诱导这样的问题："那个人是否有权利知道这件事?"这些都能帮助你的孩子决定何时可以表现好奇心，何时应收敛。

□ 让你的孩子知道在我们目前的法律制度下，隐私权仍在被保障的范围之内。从百科全书中所记载的，与孩子们一起阅读并讨论这样的权利，探讨这些可供使用的信息和现代的电脑中可能会让很多隐私曝光的状况。

□ 帮助你十几岁的孩子很均衡地保有隐私权。指出那些是心理上和精神健康的表现，我们都必须与其他人融洽相处，而且至少会有一些健康而亲密的关系。隐私权并非要使我们落在一种"让我独处"的景况中，要在意的是不要让别人对我们在精神上和情感上的防卫，感到有沉重的压力。

在我们的社会中，各种传媒正蓬勃发展，而诸多的限制也逐步解除，若孩子能在隐私权上得到平衡的观点，对于培养他的个性而言，将是极为重要的。你的孩子所能学习到有关隐私权或其他的价值观，最好的地方就是在你自己的家中。

生活需要勇气

今日许多年轻人最悲哀的特质之一，莫过于他们的故步自封，在许多事情的本质上避免做冒险性的探究。许多父母所做的工作也好不到那里。《过一种快乐的生活》（Living the good life）的作者尼哥来·拜亚夫（Nikolai Berdyaev）写到："生活经常是愚蠢、平淡无味而极其平凡的。我们最大的问题应该是让生活更有活力和创造力，并有能力做精神上的奋斗。"简而言之，我们需要"勇气"。如果我们要进入更深邃的生命层次，我们必须付出勇气的代价。为何勇气会如此难于被表现出来呢？或许那是因为勇气这个词很难被定义。勇气（Courage）来自英文中的"Cor-

age"和古法文中的"Cuer",意指"心脏"。正因为心脏将血液输送到手臂、脚和头等部位而维持了整个身体的存活。因此,勇气也可说是所有生命领域中一切能量的来源。

一些具体可行的建议

你如何鼓舞孩子的勇气呢?它是否能在课堂上获得?或者像维生素一样可以随手取得?很显然,并不是这样,正如其他的价值观一样,它也必须要借着一些例子才能学习得到。因此,以下就有一些获得勇气的方法。

□ 孩子们(或者成年人)必须知道即使经历了害怕,也并非是耻辱。对每个人而言,那是一种经常出现且相当正常的感觉。勇气并不意味着没有惧怕,它是指尽管有惧怕存在,仍要有行动。勇气和懦弱之间的差别,是在于勇气是去面对一种危险的情况,而懦弱则是逃避而不面对。

□ 要获得勇气,首先应该从消除孩子的恐惧感开始。一个年幼的孩子也许害怕黑暗、动物、喧闹、被遗弃,或是陌生人等;一个年龄较长的孩子也许害怕被同辈朋友排斥、失败、生离死别,或是战争等;无论孩子的惧怕是什么,将它正式定名是帮助孩子勇敢面对的第一步。借着问一些问题而帮助你的孩子找出他所惧怕的,通过你的观察发现潜伏在其惧怕背后的真正原因。如不肯自己单独进入一个黑暗的房间，或极度的担忧着"我的朋友们怎么看我呢"，甚至可能是经常看到朋友父母离婚的情形等。

□ 如果惧怕是一种自然的反应（例如怕狗或是怕黑），尝试着与孩子一起接近或进入。若是笑孩子是"小鸡"或是"小猫"等只有让事情变得更糟。如果有需要，当孩子试着逐渐去接近他所惧怕的东西时，应该给予孩子较从容的时间，也许是一个时期如几天或几星期。当你发现孩子的勇气有进步时，不要忘了赞美他。

□ 如果是惧怕一种不可触摸的事物（例如惧怕被遗弃），你需要很实际地与他们探讨这件事情，不要否认他们所惧怕的情况有可能发生。（无论你怎么说，孩子们通常都会认为那是可能的）对于事件你也许会认为是不可能会发生的事，但是你仍然需要去讨论如果真的发生了，你的孩子和你的家庭将会如何来面对它。

161

□ 当你的家庭发生变故时，你对自己的信心是很重要的。你的孩子需要看到你用坚定的信心，来面对未来所可能发生的事情。因着你的确信而使孩子更有信心。在许多方面来看，这是一个可怕的世界，它的将来也是无法预知的，但我们却能凭借勇气而活着，我们面对各种环境要成为一个强者。

□ 在帮助孩子面对他特有的恐惧之后，我们也需要借着将他们置于具有挑战性的环境中，来扩张他们勇气的容纳力。勇气是可以由锻炼而得到，只要我们勇敢地去面对一些危机和可能发生的失败。

有规律地锻炼身体也是建立一个人勇气的最好方法，因为我们会将自己推向身体所能负荷的最大极限（正如这样，对于一个刚开始尝试的人，你曾否算过你能做多少个伏地挺身）。当然，到达到我们感情和精神上的极限是需要一段时间的。

□ 尝试向体能的极限挑战。当孩子为了向他的体能极限挑战而完成一项马拉松的测验后，可以给他们一项非常渴望得到的东西。可与孩子一起探讨获得成功的因素是什么，或者为什么最后的结果是失败。

□ 选择某个星期六的早晨与你年龄较大的孩子一起学习完成一项任务。你们身上不要带钱，而让你的配偶开车把你们载到离家数公里外的地方。你们的任务是：在天黑之前要回家。在这些挣扎着回家的过程中，将可能提供充分的时间来讨论实际的勇气。

□ 因类似的经历，我们可以在傍晚或者晚餐桌上，讨论报纸上所叙述一些行动上的勇气。可以问一些像这样的问题：在那样的情况下你会做什么？如果你的冒险行动失败了，你会有什么感觉？哪些是你做过最困难的事？哪些是你去做过的最具挑战性的事？

基本原则

在许多情况下，我们和我们的孩子会有表现勇气的机会，以下就是三个基本的原则。

决定　一个孩子要成为什么样子，大致上是因为他所做的决定。困难的情况需要有勇气来做决定并坚守住，当我们也每天生活在混乱诱惑和冲突中时，我们也需要额外的勇气。

承担　表现个人的独特性是需要勇气的，它也是孤立的，那不但是因为我们知道什么是对的，而且也了解我们自己的独特性。当同辈朋友的压力太大时，它特别需要坚强。事实上，孩子们真正的勇气是在于表现真我，这也是其他勇气类型的基础。

实际的行动　楼罗·梅（Rollo May）在他的《创造性的勇气》(The courage to create) 一书中说道："在我们的时代中，懦弱最普通的表现方式都是隐藏在这样的叙述背后：'我并不想参与在其中。'"这是一个冷漠的时代，我们的孩子需要提升勇气，来参与到一切需要他们的生活和工作之中。

163

许多年以前，有一本杂志针对青年人做的调查报告指出，多数的年轻人宁可选择几乎没有成就感的安定生活，而不愿尝试冒险后的失败。但愿你的孩子不是他们当中的一个。

36

艺术乃灵魂之窗

艺 术难道仅是有钱人休闲时的活动吗？我们的文化中所支持的，都是偏向于科学和工业技术的理论。但历史很清楚地告诉我们答案并非如此，我们曾通过其他民族所珍藏的许多音乐、绘画、雕刻、建筑和文学作品等来学习认识他们。艺术是灵魂之窗，因这些原因对我们的孩子而言，的确需要培养一种对于艺术的鉴赏力，以使身心平衡，并使人更加完整。

帮助你孩子去透视流行和某些媒体的表象是很重要的。然而你并不需要像专家一样帮助你的孩子去喜爱艺术，但是若能经常接触和实际经历则是必要的。在这些艺术活动的过程中，将会增加家人间的乐趣。

一些具体可行的建议

　　□ 找出你生活领域中文化的资源，各地区的文化中心都有表演性的节目。我们可从中接触到舞蹈、交响乐团、艺术展览等。有时学校的活动也是一种想当好的资源。

　　□ 全家可每隔一个月或两个月去参观一个展览会或表演。在一个令人难忘的日子里带着孩子单独前往。但是要记得与他一起讨论你们所看见或所听见的。也可问有关每个家庭成员最喜欢的是什么和喜欢的原因，然后表示你自己的看法。如果一首特殊的曲子甚获好评，你或许就想到要找出它的来源并购买一张它的CD，作为生日或圣诞礼物。一张杰出的油画或许可以加框表背，或是印制成艺术的书籍。

　　对于用手操作的艺术活动可以尝试以下的建议。

　　□ 鼓励你学龄前的孩子以原始的材料，例如简单的乐器或大刷子沾水涂鸦来培养艺术气质。要赞美孩子的"杰作"，并将作品张贴在家庭布告板上，或者压放在桌子的玻璃垫下；在餐桌上铺一张塑料布，让孩子可以在上面玩黏土，你可以将这些作品放在窑中煅烧，并将最好的成品保存于书柜中。

　　□ 鼓励年龄较大的孩子使用并培养观察和绘画的技巧。与孩

165

40法

建立孩子正确价值观

身体锻炼不可少

168

相 当奇怪的是，现今虽有那么多人热衷于运动并注意摄取营养，然而高热量的速食品却在便利店的冷藏柜中极快的增长。也因此控制体重的食物和美体中心如雨后春笋般地出现，这种两极化的景况正表示一般人并没有真正的注意维持健康的准则。

从小培养良好的运动与饮食习惯

注意良好的饮食营养和身体运动等生活方式，通常都是从家庭中开始的。因此，在这事上为人父母者要做好表率。当大多数的孩子在学校中被教导要维持健康的基本原则，如每餐荤素均衡、运动和休息等。然而在传播媒体促销下，孩子却吃下了含糖过量的爆米花、面粉、糕饼和糖果等"垃圾"食物。

一些具体可行的建议

虽然我们对这些事感到无能为力，但请注意！以下仍有一些建议，可以帮助你的孩子建立良好的饮食和运动习惯。

□ 从评估糖类在你家中所扮演的角色开始。你是否常食用一些含糖量过高的食品，如布丁、水果派或点心？请记住这样的原则：你买了什么就会吃什么！因此良好的食物营养应从超市中的购物手推车开始。

169

□ 在食物上谨慎选择。既然点心和学校午餐盒是许多孩子吸收大量糖分的地方，那么就在这些好吃的食物，如花生、葡萄干、干果、新鲜水果、果汁、汽水、爆米花中做选择。可吃，但要注意均衡。

□ 少用糖制品来做奖励或庆祝之用。其实，偶尔在特别节日或生日会中食用这些糖制品并没有什么错误，但如果你经常以糖果或其他糖类的食品来奖励孩子，那么将会让他们养成好吃糖果的习惯。

□ 常常审视有关食品生产的成分表。将帮助你对糖类使用的认知程度大大的提高。食品的营养成分表中所列出的成分是根据全部体积的百分比而得出的。因此，面对那些将糖类列在成分表前三个位置的食品最好是能多加避之。

□ 过度地食用盐也是一个问题。此外，也有许多油炸食物，和那些缺乏天然纤维质的食品亦是如此。多读有关此类的好书，有助于明白良好食物营养的基本原则。

□ 注意良好的饮食习惯，适度的运动也是必要的。大多数年轻的孩子们并未被鼓励主动去锻炼身体，从最近出现许多体重过量的孩子就可看见，这真是一个很严重的问题，而这问题的根本原因与未有适度的运动有关。当孩子们逐渐长大时，他们需要被鼓励去维持身体的健康。此处要提醒的是父母的引导是相当重要的。

□ 使用锻炼身体的器材或是良好的运动来建立快乐的家庭时光和回忆。如经常一家人一齐散步或骑脚踏车，或是慢跑等。经常做运动可使脉搏跳动速率达到正常的水准。

□ 将学校中的体育课程家庭化。大多数的教导都会构成一种成功的因素，那将能现出许多运动技巧的特色。尝试在家中练习这些课程，有时可以让你的孩子领着全家人做。

□ 鼓励你年轻的孩子参加个人和全体的运动。不是将重点放在赢得锦标上，而是培养出尽力而为的风度。在适当的时刻，可以教授孩子有关运动的知识，或是帮助孩子参加夏令营的活动，在那里你的孩子将会得到较好的教导和鼓励。

　　□ 不要忽视适当的休息对健康的重要性。要让你的孩子知道他们若熬夜而次日早上又必须很早起床上学，会有什么样的结果。帮助你的孩子能排出一份固定的就寝时刻表。

　　□ 与孩子一起讨论因气候的变化而穿着适当的衣服。帮助你的孩子了解，在天气逐渐转凉和容易生病之间的关联性。

　　综合以上所述，维持一种平衡的技巧和幽默的意识是重要的，要改变家庭中饮食和运动的习惯的确不太容易，可以与你的孩子一起探讨你们的目标，并且尝试避免让正常的饮食习惯和运动嗜好如钟摆一样摇摆不定。要建立一种新的嗜好应采取渐进的方式，而不是突然的。一种急剧的改变将会减少你成功的机会，也会激起孩子的抗议。在此提醒你，多注意影响你们家庭成员一生幸福的事，决心好好地过有益健康的生活。

171

40法

建立孩子正确价值观

喜欢学习

172

你 也许会很惊讶地发现，根据研究报告显示，父母是否参与孩子的学业，与孩子在学校课业上的成就有着相当密切而直接的关系。它或许不应该这样，但不可否认许多父母倾向于让老师们来承担起他们孩子教育的担子。许多父母有着含糊不清的观念，以为只有专业的教育者才能适度地评估孩子的进步情况。但是这真是差之毫厘，谬之千里。

一些具体可行的建议

如果你确信教导你的孩子认识学校的价值和学习的过程，是你所能给予最重要的礼物之一，那么你必须积极地参与。以下就是一些方法。

学龄前的孩子

□ 对于学龄前的儿童而言，其重点应放在建立其强烈的自我价值意识，并知道有人爱他并且接纳他。在这项稳固的基础上，你的孩子能够去接触陌生人、事物和他们所能了解的新观念。

□ 听你的孩子说话。若你对孩子们的嗜好和好奇心充满了兴趣，对他们将是很大的帮助，有助于让他们了解探险和发现是极有趣又极重要的。

□ 经常从许多的资料中找出较有趣的一篇念给孩子听。并与孩子们一起听 CD 和玩一些富有创意的玩具。试着让学龄前的孩子观察你解决问题和查询资料的方法。

□ 在这段年龄里也可以将图书馆的丰富藏书介绍给你的孩子。可在图书馆中找出一些对你年幼的孩子有帮助的书。它能提供你查询一些无法翻印资料的便利，通过这样的带领，孩子很快就会知悉学习是件有趣而且有益的事，并且因这样的确信，在未来成长的道路上必会有更加璀璨的过程，以建立美满的人生。

学龄儿童期的孩子

□ 如果你的孩子处于小学低年级阶段，你主动参与学校各样

173

40法

建立孩子正确价值观

活动将是非常重要的。找时间去拜访孩子的老师，问问看是否有哪些你能够帮得上忙的特殊活动和计划。而且如果有需要，务必抽空参加学校运动会、学校的特殊节日，甚至是学生家长委员会等。

□ 从孩子的老师那里，可以获得一份每周基本的课程表和每周教学的进度表。这些将可帮助你避免去问这样的问题，如"你今天在学校学了什么？"而一般所获得的回应都是："哦，没什么。"

□ 要求你的孩子将报纸或杂志中的文章念给你听。让他知道，当他能将一些有趣的见闻和你一起分享时，同时也能够帮助你。

□ 可以因为让孩子玩涂鸦或骨牌游戏，来刺激数学和语言技巧。当与孩子一起乘车旅行或排队的时候，可向你的孩子提出文字游戏和造字押韵的挑战。

□ 与孩子一起探究一本世界纪录的书，或是讨论琐碎杂事——两者都是孩子喜爱的事。围在晚餐桌前大家可以争论一些琐碎杂事，或是让一个家庭成员就每个星期他从书中或电视中学习到的事物作报告。

□ 定期参观名胜古迹或参观工厂、博物馆、消防队、警察局，欣赏音乐会，这些都有助于增进孩子对学习和探究的喜爱。

□ 在孩子进入小学高年级的阶段时，你的目标就要做少许的转移。即从培养出孩子学习的欲望，转成强调对时间的有效运用。

174

帮助你的孩子思考什么是最优先的事并设定目标。要留心不要让过多美好的事物使他们的精力和热衷负荷过度。

☐ 为你的孩子提供一个安静、舒适和光线充足的读书环境，及一些基本配备。

☐ 经常保持与孩子一起阅读有共同兴趣的书籍，一起讨论报纸上的文章和电视新闻。当你进行一些工作或参与会议，可以让你的孩子阅读它的指导原则，称赞他们所完成的事并帮助其了解，他们所做的是克服软弱，提供孩子在求学过程中有继续前进的机会。

青春期的孩子

☐ 在孩子上初中和高中的年龄，使用你所知道的每一件事来刺激你的孩子。这能鼓舞他们在正确的方向中前进。将大人们的交谈与年轻的孩子们一起分享。

☐ 不要强迫你的孩子做他还不想要的学习，而是尝试与他做朋友。让孩子知道在遇到任何困难时你都会随时伸出援手，并给他们忠告。

然而孩子们是否喜爱上学，或勤奋学习与否，会因为教师和学习环境的不同而扩展或内敛。父母所有的努力都不会嫌太多。有一句格言这么说："浪费心智是最可悲的事。"

39

亲密关系的建立

在你希望你的孩子建立的许多重要价值观里，有一项是很重要却常被忽略的。在我们这无根而善变的文化中，这个重要的价值观正逐渐的解体——一个令人难以置信的实验室，一个生命的心智就在那里形成。

哈罗德博士（Dr. Harold M. Voth）是美尼格基础研究中心（Menninger Foundation）的精神科医师和心理分析师，他的研究报告指出："今日在我们家庭中所面对最严重的危机，就是家庭中内部结构的改变，家庭解体的重大影响，以及人类心灵错综复杂的状况所带来的后果。"

基本原则

你的孩子是否学会对婚姻和家庭模范伦理都忠贞不贰？这个答案会看你如何带领你的家庭。以下有三个重要的原则，需要家庭中的每个分子来一同认定。

· **家庭的层面是自然社会为人类设计的基础**　当它经过人工的扭曲之后，不论社会或个人都承受了极大的痛苦。此外，社会赋予父亲在家庭中的权力是为了给做父亲者一种天生的应许和责任。事实上，在希腊文中家庭这个词写为"Patria"，它的意思即作为"为人父亲者"。

· **家庭的单位是个人安全感、认同感和归属感的基础**　它是传统价值观、人生目的和终极目标的最佳工厂。如果在家庭中没有学到传统和价值观，个人认同感的危机将是无可避免的结果："没有国家，家庭仍能存在。若没有家庭，那么一切都将不存在。"

· **做榜样是家庭中传递价值观和个人认同感最基本的方法**
如果一个人是在传统的家庭之外成长，那么他几乎很难在下一代中建立一个成功的家庭。

177

一些具体可行的建议

下面的一些方法可以提升你的孩子从家庭生活中所获得的传统和托付。

□ 与孩子一起讨论你们的家庭中所被赋予的独特性和价值观。你可以通过你的行为来强调它们。也许你能够以家庭装饰品将它表现出来，或者在一个显著的地方将它陈列出来。正因为这些价值观要经得起家庭外在因素的挑战，因此家庭中所有成员就应集中力量来彼此支援。

□ 要求每一位家庭成员参加全家庭的活动和其他有趣的嗜好。从这些活动当中建立家庭的传统。制作家庭的 T 恤或徽章，以表示你家庭的独特性和精神。

□ 在活动中与孩子一起携带许多家庭的相片，制作一本非相册式的家庭剪贴簿。外出时可经常携带以便反复观看，帮助你回想起家庭的户外活动、获得的奖状和一起所面对的危机。当你们与孩子们一起看相片或剪贴簿时，对于家庭成员的成长和成就要不断地叙述和称赞。

□ 一起研究家庭历史。运用家谱藏本，并与年纪较长的亲戚一起探讨制作一本家族族谱，并收集家庭旧照片和古器物。

□ 与你的孩子一起写出你自己家庭中，同时代的和现在进行的历史。或许可以从你的婚姻作为开始，并可包括到目前为止家庭成员中值得回忆的情形。写出每个家庭成员自传的蓝图，那将可反映出孩子特殊的特征、技巧和天分。

□ 养成凡事记录的习惯。特别将每个孩子有趣的，引人注意的事，或其他值得回忆的话语记录在笔记本中。

□ 与家庭中父母双方的亲戚保持联系。包括在假日或休假期间去拜访他们。让这些家庭经常彼此以书信联络。当接到来信时，可以聚集家人一起阅读，并欣赏其中所附的照片。制作一个家庭旧照片的展示墙或公布栏，并且尽可能将更多亲戚包括进去。

□ 定期地发动家族的大聚会。特别要强调家庭中的成员彼此接纳，甚至包括那些不可爱的人在内。在这段时间可以安排才艺表演，并谈论家庭成员和祖先们生活上的插曲，举办你所能想象出的各样比赛。如选出最年长的人、最年轻的人、穿着最朴素的人、最健谈的人等。安排时间让家庭中最年长者述说他们过去的往事，之后大家一起拍照并且动手制作一张家族树图。让每个人带来旧照片和家庭古器物一起分享。

当你的孩子长大后自组家庭时，他是否会有坚定的归属感呢？其实那完全是因你而定。哈罗德博士一再强调："如果一切都能进行得很好，那么家庭生活所带出的影响，将能带来符合自然之道的最佳境界。若不然，家庭生活将会带来悲惨的结果。"

179

40 法
建立孩子正确价值观

一颗爱的心

180

有 什么能带给你孩子一颗成熟而热爱的心？毕竟那也是父母们要负责教导孩子们真正的价值观。因此答案应从你开始。

父母是最佳的爱的榜样

在你家庭生活的范围中你做了什么榜样呢？你的孩子无法从你身上学习到你所没有的。事实上，如果你的爱心生活软弱，你的孩子将无法学习真正的爱心知识。

我们真正的目标应在于三个层面。第一是知识（knowledge）。第二是学习（learning）。第三是智慧（wisdom）。为人父母者能够成功的帮助他们的孩子达到这三个阶段，但必须要在几方面积极帮助孩子。首先让我们看看自己拥有什么，然后再看一些实际的建议。

· 我自己的爱心生活是否值得模仿？

· 对于爱心的事情，我是否有热切的心。

· 我对孩子的管教是否塑造出他对权威的尊重？这将能帮助孩子们对权威有所回应。

· 我是否将孩子带进圣洁的话语，并用尊重的话来讨论有关他的问题，包括他们需要积极的个性，或与他目前有关的世界大事，或是有关人生问题？

· 当我的孩子带着需要找我时，我自然的回应是否以爱心配合行动？

一些具体可行的建议

心理学家指出孩子长大成人后的个性，大约 85％ 是在他六岁之前形成的。因此你能成功的最佳机会，就是在那些重要的日子中给予孩子关爱和有效的管教。因此，当你要在剩余的 15％ 中努力时，以下就有一些建议可供参考。

181

40法

建立孩子正确价值观

□ 每天要为孩子祝福。要清楚他特殊的需要并为此祝福。记得要如何回应在孩子生活中的祝福，要经常为孩子们的未来祝福。

□ 在你的家庭中建立平和安详的气氛。例如笑声、新的发现、惊奇、彼此的关怀、良好的音乐和书籍及结交好朋友等。让居住的地方充满欢乐。你家中的气氛和谐与否，可以通过邻居的孩子是否喜欢来家里聚集反映出来。

□ 应常有全家人心灵沟通的时间，并将孩子们的兴趣和注意的事项整理出来。让他们参与奉献，奖励他们背诵经典。

□ 在家中要有很自然的家庭欢庆时间。当有一件快乐的事值得庆祝时，可以全家人一起聚集祝福、分享与感恩。

□ 让你的孩子参加一些有益的夏令营、露营活动。

□ 要谨慎处理孩子们较为严肃有关爱心方面的问题。如果他想要知道蚊子是否能上天堂，不要取笑他；可以利用这个问题当作一个机会，与他讨论世间万物与我们同在永恒生命的应许。

□ 利用假日和其他特殊的场合来讨论你们的信仰。有哪个时候会比圣诞夜更适合来讨论上天对人类的爱。甚至生日也能当作一个自然的时刻，可以讨论个人的独特性、价值和尊荣；而在婚礼中更是一个自然的时刻，可以讨论婚姻的计划。

□ 帮助你的孩子熟悉并适应你参加的社会活动。特别是当中的朋友，活动的程序等。

□ 让你的孩子阅读伟人的传记。

182

□ 在你家的墙上挂一张世界地图。经常研究认识那些有饥饿，或有政治压力，或需要爱心的地区。

□ 邀请社会慈善工作者到你们家来。鼓励你的孩子问一些问题，以使他们知道社会慈善活动的状况与进展。

□ 在你家中的公布栏张贴你所拿到有关社会慈善活动方面的海报。与他们保持联系。将他们当成自己家人一样为他们祝福并奉献，以帮助满足他们的需要。

□ 当你的家庭有休假日时，可以去参观一些在城内或较远地区的社会义工团体。

□ 找出孩子的朋友中还有哪些不太有爱心，为他们祝福并利用时间与他们相处。这也许是一个你与他们一起分享爱心的最好机会。当有这样的机会来临时，要肯定你和你的孩子都知道该说些什么话。

183

□ 当孩子在青春期的年龄中，他的信仰必须学习独立。孩子们将会问一些以前他们已经接受的问题，此时不必显得很慌张。为他们祝福并支持他们，针对这些问题给予坚定的答案，或是将他们引见给那些善于与年轻人沟通的咨询人员。

40法

建立孩子正确价值观

附　录

孩子的名字＿＿＿＿＿＿＿＿＿＿＿

目前的年龄＿＿＿＿＿＿＿＿＿＿＿

本记录起讫年月日＿＿＿＿＿＿＿＿

184

技巧应用：（将你评估的分数填上）　　较差　　　　　　　很好

1＿＿＿零用钱和财务管理能力　　　1 2 3 4 5 6 7 8 9 10

2＿＿＿做良好的决定　　　　　　　1 2 3 4 5 6 7 8 9 10

3＿＿＿寻找并管理时间　　　　　　1 2 3 4 5 6 7 8 9 10

4＿＿＿友谊的艺术　　　　　　　　1 2 3 4 5 6 7 8 9 10

5＿＿＿认识政治　　　　　　　　　1 2 3 4 5 6 7 8 9 10

6＿＿＿与罪恶的争战　　　　　　　1 2 3 4 5 6 7 8 9 10

7＿＿＿隐藏的信息　　　　　　　　1 2 3 4 5 6 7 8 9 10

8＿＿＿认识财务和经济　　　　　　1 2 3 4 5 6 7 8 9 10

9＿＿＿给予和接受批评　　　　　　1 2 3 4 5 6 7 8 9 10

10＿＿＿处理压力　　　　　　　　　1 2 3 4 5 6 7 8 9 10

11 ____认识并面对死亡　　　　　　1 2 3 4 5 6 7 8 9 10

12 ____在爱情和约会方面处理良好　1 2 3 4 5 6 7 8 9 10

13 ____清洁和整齐　　　　　　　　1 2 3 4 5 6 7 8 9 10

态度取舍：

14 ____适当的成功观　　　　　　　1 2 3 4 5 6 7 8 9 10

15 ____家务与责任感　　　　　　　1 2 3 4 5 6 7 8 9 10

16 ____克服恐惧和失败　　　　　　1 2 3 4 5 6 7 8 9 10

17 ____自尊心　　　　　　　　　　1 2 3 4 5 6 7 8 9 10

18 ____一颗感恩的心　　　　　　　1 2 3 4 5 6 7 8 9 10

19 ____创造力　　　　　　　　　　1 2 3 4 5 6 7 8 9 10

20 ____一个"凡事都能做"的心态　1 2 3 4 5 6 7 8 9 10

21 ____服务的艺术　　　　　　　　1 2 3 4 5 6 7 8 9 10

22 ____欢笑的事物　　　　　　　　1 2 3 4 5 6 7 8 9 10

23 ____抗拒忧郁的能力　　　　　　1 2 3 4 5 6 7 8 9 10

24 ____学习贯彻始终的态度　　　　1 2 3 4 5 6 7 8 9 10

25 ____对于权威正面积极的观点　　1 2 3 4 5 6 7 8 9 10

26 ____尊重简朴　　　　　　　　　1 2 3 4 5 6 7 8 9 10

价值衡量：

27 ____诚实　　　　　　　　　　　1 2 3 4 5 6 7 8 9 10

28 ____对于电视的辨别力　　　　　1 2 3 4 5 6 7 8 9 10

29 ____对于性方面的认识　　　　　1 2 3 4 5 6 7 8 9 10

30 ____孩子们的权利　　　　　　　1 2 3 4 5 6 7 8 9 10

31 ____家庭的传统　　　　　　　　1 2 3 4 5 6 7 8 9 10

32 ____事物的价值观　　　　　　　1 2 3 4 5 6 7 8 9 10

33 ____家庭的根源　　　　　　　　1 2 3 4 5 6 7 8 9 10

34 ____尊重隐私权　　　　　　　　1 2 3 4 5 6 7 8 9 10

185

40法

建立孩子正确价值观

35 ____ 勇气	1 2 3 4 5 6 7 8 9 10	
36 ____ 对于艺术的喜爱	1 2 3 4 5 6 7 8 9 10	
37 ____ 良好的健康习惯	1 2 3 4 5 6 7 8 9 10	
38 ____ 学习的价值观	1 2 3 4 5 6 7 8 9 10	
39 ____ 对家庭的归属	1 2 3 4 5 6 7 8 9 10	
40 ____ 一颗爱的心	1 2 3 4 5 6 7 8 9 10	